あなたの「推し」企業を見つける旅

［装丁］
金澤浩二

［Illustration］
pomodorosa

1社15分で本質をつかむ
プロの企業分析

きぎょうぶんせき

かこ　い　しゅんすけ
栫井駿介

つばめ投資顧問代表 投資系YouTuber

HOW TO BECOME
YOUR OWN STOCK ANALYST
SHUNSUKE KAKOI

CROSSMEDIA PUBLISHING

企業分析は「推し活」である

企業分析と「推し活」

　突然ですが、「推し活」という言葉を耳にしたことがあるでしょうか。アイドルやアニメなどのキャラクターで自分が好きなものを「推す（推奨する）」活動のことです。

　かつては「オタク」と呼ばれていたものだと思いますが、それが今や市民権を得て、「Z世代」と呼ばれる10〜20代の8割は何かしらの「推し」を持っているという調査もあるくらいです。

　「推し活」を世間に広めたのは、「AKB総選挙」でしょう。CDを買えば投票権を得られ、それを自分の「推し」に投票する。この票数によって、AKBの中での順位が決まります。もし自分の「推し」が上位に食い込めば、満足感を得ることができるのでしょう。

　なぜ今の若い人たちが「推し活」にこれほどまで熱中するのかと考えると、そこに世相が表れているように感じます。かつてのように経済成長を追い求める時代は過ぎ去りました。経済のパイが成長しない中で、競争ばかりしていてもギスギスするだけで、一向に幸せは得られません。そんな中で「推し活」は、自分の「推し」がスターダムに上がっていくのを応援することで、自分にとっての生きがいを生み出しているのではないでしょうか。

　この仕組みこそ、私が生業とする株式投資にも通じるところがあると感じています。

　自己紹介が遅くなりましたが、私は「つばめ投資顧問」という会社を経営しています。個人投資家の皆さんへ、株式投資のアドバイスをする仕事です。株式投資の中でも、「投資の神様」と呼ばれる御年92歳のウォーレン・バフェット氏が行うような「人生スパン」での長期投資を推奨しています。

　長期投資とは、簡単に言えばひとつの株を長く持ち続けることで、その企業が成長することによって、投資のリターンを得られます。バフェットの言葉を借りれば、理想の投資期間は「永遠」です。永遠といっても、株式をあの世まで持って行くこ

とはできませんから、最長で「人生」と置き換えてもいいかもしれません。

　私が考える長期投資とは、私たちの一生のうちに、自分が気に入ったいくつかの銘柄を持ち続け、その企業が成長することによって資産が増え続けるというものです。バフェットの例を挙げるなら、1960年代に投資したアメリカン・エキスプレスです。半世紀以上経った今でも保有し、その時価は購入金額の約20倍（3.5兆円）になっています（2021年末時点）。

　この投資法こそ、先に説明した「推し活」そのものだと考えています。アイドルやキャラクターと同じように、自分が気に入った企業にお金を投じ、その対象が成長していくのを見守る。当然、自分がどの企業を推すかは、その中身のことをよく知ってからでなければいけませんし、推し始めてからも、様々な苦楽を共にすることになります。

　アイドルで言えば、様々なスキャンダルに見舞われることもあるでしょう。それを受けて「推し」をやめてしまう人も一定数いる。一方で、それでも「推し」を辞めずに続けた結果、スキャンダルを乗り越えて大きく成長していくこともあります。
　その事例として最適なのが、元AKB48／HKT48の指原莉

乃さんです。彼女は恋愛スキャンダルが発覚し、一時AKBから
HKTに「左遷」されましたが、それをものともせず今ではバラ
エティ番組に欠かせない存在となっています。そこまで推し続
けられれば「ファン冥利」に尽きるわけです。

　アイドルの「推し活」で、自分の推しが大きく育ったとして
も、何か目に見えるリターンがあるわけではありません。しか
しこれが株式投資となれば、株価の成長を通じて金銭的なリ
ターンをもたらしてくれることになります。

　もっとも、逆に金銭的なリターンにだけこだわってしまうと
ギスギスした世界になってしまうので、結果として自分を苦し
めることになります。あくまで、自分が本当に好きな企業に投
資し、その企業を持っていることで幸せを感じながら、やがて
資産も増える姿こそが長期投資の理想であると考えます。

人生を楽しくする企業分析

　ただ、一言で「推し企業」を見つけるといっても、多くの人は
何から手をつけたらいいか分からないかと思います。自分が好
きな商品をつくっている企業、雑誌で見た経営者の理念に共感
できる企業、素晴らしいビジネスモデルを行っている企業。そ

の観点は様々です。

　一方で、「長期投資に適した企業」という点で見れば、分析の
やり方はある程度決まってきます。とくに財務面に関しては、
良好な企業とそうでない企業の差は明確です。したがって、ま
ずはそれを見極めることで、おかしな企業を避けることができ
ます。アイドルで例えるならば、私生活がだらしない人を見極
めるようなものです。

　もっとも、投資の成果を左右するのはあくまで未来のことで
すから、分析だけでできることにも限界があります。そこから
先は、過去の分析を行った上で、自分の観点でその企業の未来
の姿を想像することになります。これこそが、分析者・投資家
としての腕の見せ所です。

「投資は半分サイエンス、半分アート」と言われます。サイエ
ンスの部分は、誰がやってもおおよそ同じような答えになる部
分です。まずはこの能力を身につけることで、プロの投資家と
も同じ土俵に立つことができます。そこからアート、すなわち
想像力を駆使することで、あなた独自の視座を身につけ、場合
によってはプロをも出し抜くことができます。
　とくに、あなたがその企業のことを好きであればあるほど、

より正確かつ明るい未来を描くことができることになるでしょう。これぞすなわち、企業分析における「推し活」に他ならないのです。

　推しの企業を見つけたら、投資するのもよいですし、就活生ならそこに就職するのもありでしょう。またあなたがビジネスパーソンだとしたら、その企業をマネすることで大きな飛躍を得られるかもしれません。「企業の推し活」は単なる趣味ではなく、あなたの人生そのものもバラ色に変える力があります。

「推し企業」を見つけたら、人生が楽しくなることは間違いありません。さあ今すぐノートとペンを手に取って、企業分析を始めてみましょう。この本があなたにとっての羅針盤になればとても嬉しく思います。

1社15分で本質をつかむ プロの企業分析　目次

第 1 章

企業分析の目的

第2章

プロの企業分析とは

第3章

プロの企業分析の実際

第4章

簡単！財務諸表分析

第5章

企業分析で最も大切な
「ストーリー」

第6章

企業分析家の視点をもつ

第 1 章

企業分析の
目的

企業分析と人間観察

「企業分析」と銘打ったこの本を手に取ったからには、あなたは何かしらの目的を持って企業分析に取り組みたいと思っていることでしょう。投資のためでしょうか。就活のためでしょうか。あるいは趣味のためでしょうか。

　分析と言うと、つい数字を使って指標を算出したり、フレームワークに当てはめてビジネスモデルを分析したりと、「お勉強」的に考えてしまう人が少なくないと思います。確かにそれは必要な手段です。数字が教えてくれることは大きな意味があり、フレームワークは企業の姿を浮き彫りにする上で有効な物差しとなります。

　しかし、それだけで企業のことを分かったというのはいささか浅薄です。なぜなら、企業は単なる数字やフレームワークだけでできているわけではないからです。それらはあくまでその企業の表面的な一部分、瞬間のスナップショットに過ぎません。

　企業は、すべてが数字で表せるようなデジタル的なものではありません。黎明期には創業者の想いがあって始まり、そこから多くの人間がかかわって大きくなる。よいことも悪いことも、紆余曲折がありながら未来へ向かって進んでいきます。アナログそのものであり、いわばひとりの人間の人生にも例えられます。

　企業をひとりの人間としてとらえると、単なる数値だけで「分かった」と言えるわけがありません。Aくんはテストの点数が100点だったから素晴らしい人間、Bくんは30点だったからダメな人間、ということにはならないでしょう。Aくんはテストの点数は素晴らしいけど、友達に対して意地悪かもしれません。Bくんは今伸び悩んでいるかもしれませんが、将来は事業を立ち上げて大企業の社長になっているかもしれません。数値が表すものは、ある瞬間におけるテストの点数のようなものなのです。

　だからといって、それを無視していいわけでもありません。Aくんは100点を取るためにものすごい努力をしたかもしれません。その努力する力があれば、社会に出てからも大いに活躍することが期待できます。Bくんは30点しか取れませんでしたが、家庭の事情で勉強する時間が取れないのかもしれません。

しかしその苦労から得た経験が、ビジネスに活きる可能性だっ
てあるのです。

　企業分析においても、本質的には優秀な数字そのものにとら
われるのではなく、その背景となる強さを認識することのほう
が大切です。企業が今経験している苦しい状況が、将来の飛躍
に繋がる原動力となることも少なくありません。

企業の未来を見通す「性格」

冒頭からいきなりこのような説教臭いことを言うのは、私自身の苦い経験があるからです。実は私自身、かつては企業を数値やフレームワークだけで分析ができると考えていました。大学で経営学を専攻し、MBAでも様々なフレームワークを勉強しました。就職した証券会社では、Excelを叩いて日々数値分析を行い続けていました。

「数値分析さえ分かっていれば、きっと投資もうまくいくに違いない」

そう考えて独立し、つばめ投資顧問という投資助言会社を立ち上げました。そこでは企業の分析に基づく長期投資を推奨しようと決めたのです。当初お客様に示していたのは、営業利益率などの単純な数字や、フレームワークを用いた過去、あるいは現在の優位性というところだけでした。

しかし、長期投資をしていると、それらの数字やフレームワークの前提に「裏切られる」ことが頻繁に起こるようになり

ました。数値は徐々に悪化したり、その企業の優位性を示していたフレームワークは、外部環境の変化により脆くも崩れ去ったりしたのです。

そんな時に重要になったのが、企業が持つ「性格」でした。ある企業は、インターネットの世界で盤石の基盤を築いていたのに、社長の一存で莫大な資金を必要とする事業に乗り出したために、今や資金繰りに苦しんでいます。かたや、コロナショックで事業の基盤を失ってしまったある企業は、コロナ前から少しずつ始めていた新事業を伸ばすことで最高益に届くほどに復活しました。

どちらの企業も、分析した時点では素晴らしい「事実」を残していました。しかし、わずか3年ほどの間に、その命運は大きく別れることになったのです。なぜそのようなことが起きたのかと突き詰めて考えると、それらの企業が持つ性格が影響していると感じるようになったのです。

前者の企業は、盤石な基盤を築いていたために儲かって仕方がなく、また社長もワンマン的な性格を持っていました。社長の見栄っ張りな性格と、それを止められない会社の体質が現在のような状況を作り出してしまったように思います。一方で後

者の企業は、実は既存の事業が盤石とは言えなかったからこそ、常に新しい種をまくことを心がけていたのです。

　投資において重要なのは、過去よりも未来のことです。今見ている素晴らしい業績はあくまで過去のものに過ぎません。タイムマシンでもない限り、未来を正確に見通すことなどできません。しかし、そこで無理だと諦めてしまうのではなく、その企業に起こりうる未来はどんなものかと想像することで、初めて投資では優位性を発揮することができます。

　その未来を見通すひとつの鍵になるのが、企業の「性格」なのです。今その企業が行なっていることやそもそも持っている性質が、未来を左右する要因となります。仏教でいうところの「因果応報」でしょうか。

　諸行無常のこの世の中で、因果応報の原則を知り、少しでも未来を見通す手がかりを掴むことができれば、あなたの未来はわずかでも開けるかもしれません。

「就職人気企業ランキング」を気にするな

諸行無常といえば、就職人気企業ランキングを見ていても、企業の栄枯盛衰を感じることができます。

西暦2000年の調査で、文系の就職人気企業ランキング6位に入っていた日本航空（JAL）は、皆さんご承知の通り2010年に一度経営破綻しています。また、2010年に理系の10位になった東芝は、その後の会計不祥事や経営不振により解体が続き、今や上場廃止の瀬戸際に追い詰められています。

逆に2000年以前には常に上位にランクインしていた商社は、ビジネスが高度化していく中で「商社不要論」が叫ばれ、人気を落としました。しかし、事業内容の変革を経て業績は向上し、今では多くの就活生の垂涎の的となっています。

私が就活生の頃にはインターネット掲示板「2ちゃんねる」では「就職偏差値」などと言って、就職人気企業が格付けされていました。私も多少なり気にして見ていましたが、今となってはいかにこれが愚かなことだったかがよく分かります。なぜなら、その「偏差値」はあくまで現在の「人気」にすぎず、その企業の本質や将来性を反映したものではないからです。

　また、それ以上に企業が「自分に合っているか」を示しているものでは全くありません。自分が幸せな社会人生活を送ろうと思ったら、周囲の評価ではなく、自分が働きやすい職場を選ぶことが重要です。ある人にとっては働きやすくとも、自分にとってそうでなければ意味がないのです。そう考えると、他人が決める「ランキング」を基準にすることがいかに無意味なことかお分かりいただけると思います。

　投資にも就活にも共通することですが、企業を選ぶことは結婚相手を見つけることにも似ています。他人の評価やスペックばかりを基準に選んだとしても、それによって幸せを手に入れられるかどうかは全くの別問題です。重要なのは、相手の「本質」を見極め、自分に合っているかどうかを判断することです（結婚してから性格が変わってしまったというのもよく聞きますね）。

　結婚相手は自分で選ぶしかないように、投資先も就職先も、結局は自分で決めるしかありません。この本を読んだあなたには、自分の力で企業の本質を見極められる力をつけ、幸せな投資人生、社会人生活を送っていただきたいと思います。

企業と資本主義社会

こで少し私の話をさせていただければと思います。
私は自他共に認める企業分析大好き人間です。投資助
言という仕事を始めたのも、投資そのものよりも企業分析が好
きという側面が強くありました。つばめ投資顧問のYouTube
では、様々な企業の見方をお届けしています。「The投資」とい
う内容ではないのにもかかわらず、登録者はまもなく10万人
を数え、企業分析に対する人々の関心の高さを肌で感じていま
す。

私が企業分析をこれほど好きになったのは、小学生の時に
『それいけズッコケ三人組』（那須正幹（著）／前川かずお（絵）
／ポプラ社／1983）の本を読んだことがきっかけです。皆さん
も一度は読んだことがあるのではないでしょうか。

そのシリーズの中に『うわさのズッコケ株式会社』という本
があります。ズッコケ三人組シリーズはほとんど読みました
が、その中でもこの本は強く印象に残りました。

　話の内容としては、ズッコケ三人組が商売をはじめて、株式会社をつくってしまうというものです。飲み物や弁当を釣り人向けに売るのですが、これが、まあまあうまくいき、やがてクラスメイトから資本金を集めて商売を拡大させていくというものです。最終的には事業が立ち行かなくなり、商売をたたんでしまうのですが、釣り人に売り込む過程やその中での苦労にとてもリアリティがあり、背筋をゾクゾクさせながら読んだ記憶があります。

　この感覚こそ、私が将来、経営や資本主義を勉強しようと思うきっかけになったのです。思えば、世の中の商売は全てズッコケ三人組のようなストーリーがあるはずです。それを知るということは小説を読むよりも何倍も面白いことではないでしょうか。今本格的に多くの企業を分析するようになっても、この面白さはなくなるどころか深みを増していく一方です。

　この資本主義社会において、私たちは企業とかかわらずに生活を送ることはほとんど不可能と言っても過言ではないと思います。多くの人が朝起きたらまず手にするであろうスマートフォンは、アップルなどの企業によって製造・販売されていますが、さらにその部品は何十・何百という企業の手によってつくられています。

スマートフォンをはじめとする様々な「モノ」もそうですし、サービスだって同じです。会社に行くための鉄道も企業によって運営されていますし、ランチを取るために入ったお店も企業によって経営されているでしょう（もしそれが個人店だったとしても、広い意味で「企業」であることに違いはありません）。そもそもあなたが勤めているのも企業です。

　企業を突き動かしているのが「資本主義」という原則です。言葉を選ばずに言えば、人々が「儲け」を出すことを目的として、様々な経済活動に臨む社会です。そこで大きな原動力となるのが「お金」ということになります。

　そこで、世界の億万長者ランキングを見てみましょう。2022年のフォーブス世界長者ランキングでは、1位がテスラのイーロン・マスク、2位がアマゾンのジェフ・ベゾス、3位がLVMH（ルイ・ヴィトンやディオールを傘下に持つ企業）のベルナール・アルノーと、いずれも錚々たる企業の経営者たちが並んでいます。

　すなわち、資本主義社会において「大金持ち」になろうとしたら、企業経営者になることが最も有効な選択肢と言えるのです。

　かく言う私も、小学生の時に将来なりたい職業を考えた時に、とにかくお金持ちになりたいという気持ちがありました。そこで調べてみると、多くの職業の中で、医者や国家公務員という職業を大きく上回る収入を得る可能性があるのが「企業経営者」だったのです。私はこれを知り、その瞬間から将来の夢を「社長」に定めたほどです。その夢を追いかけ、今では経営者のはしくれとしてなんとか食べています。

　私自身はまだまだ世界の億万長者の足元にも及びませんが、彼らをここまでのお金持ちにならしめたのは、経営の力に他なりません。企業や経営を知ることは、この資本主義社会の仕組みを理解することに直接的に繋がってくるのです。もしあなたが会社員だとしても、所属している企業を動かすエネルギーは資本主義の原則です。私たちは資本主義を知り「自分が何をやっているか」を理解する必要があります。そうしなければ、あなたが何のために働いているのかという意義も失ってしまうことになりかねません。

現代の社会において、資本主義すなわち企業の力はあらゆる所に関連しています。企業を分析するということは、その一個一個のパーツ、すなわちボトムアップアプローチによって世界を理解する、そういった活動に他ならないのです。これを知ることで、私たちは人生をより有利に進め、その意義を見出すことができます。

企業分析の目的と使い方

私が何のために企業分析を行っているかといえば、直接的には仕事である長期投資にふさわしい素晴らしい企業を探すためです。投資においては、1社でも多くの企業を知ることで、やがてよりよい企業を探すことにつながります。

このように投資の観点で私はYouTubeを発信しているのですが、やがてその視聴者層を見ていると、必ずしも投資家ばかりではないことに気づきました。

まずは就活生が見ています。確かに考えてみれば「企業分析」というワードを一番多く使うのは就活生ではないかと思います。彼らは自分がこれから入ろうとしている企業のことを真剣に見極める必要があります。まさに自分事として企業を分析しているからこそ、身が入るのでしょう。

また、ビジネスパーソンの方も多く見ていると感じます。私は投資家という立場で発信していますが、必ずしもそれぞれの業界の専門家というわけではありません。そんな時にその業界

に所属している視聴者からコメントをいただけるのが、私として
も非常に参考になっています。

　逆のパターンもあります。私がチャンネル登録をしている
YouTuberのひとりに「ものづくり太郎」さんという方がいる
のですが、この方は製造業に勤める人の観点から半導体をはじ
めとする様々な製造業の実態を詳しく解説してくださっていま
す。その方のフォロワーには、明らかに投資家が多く、本格的
な企業分析を投資家が求めていることが分かります。

　このように、企業分析は思いのほか、あらゆる属性の人たち
が必要としているのです。

　それでは目的ごとに違った企業分析のやり方をすべきでしょ
うか。私は決してそうは思いません。なぜなら、私たちが分析
しているのは実体のある企業そのものであり、どのような場
面で使うにしても、対象は全く同じだからです。あとはそれを
違った角度から見てみるというだけに過ぎません。

　これはこの章のはじめで述べた「ひとりの人間を観察するこ
と」と一緒です。私という人間は他の誰でもない私です。それ
は実体のあるものです。もちろん、「家庭での私」「職場での私」

「学生時代の私」など、シチュエーションによって他の人からの見え方は変わってくるでしょう。しかし、どこから入ったとしても、その人に深くかかわるほど、コア（核心）が浮き彫りにされるのではないでしょうか。

　もしあなたが誰かと結婚したとして、結婚生活が長くなるほど、どこで知り合ったかはあまり重要ではなくなるのと同じです。結局はその人の本質に迫ることが一番大切なのです。

　すなわち、何かの目的のためにその企業の一部だけを取り出してみるというのは、かえって遠回りになるのではないかと私は考えます。「木を見て森を見ず」という言葉がありますが、一本一本の木を見てもその森がどのような状態にあるかを即座に認識することは難しいものです。もちろん一つひとつの木の状態が森の状態の一端を表すことも確かなのですが、やはり見えていない部分の方がよほど多くなってしまいます。

　企業に就職するにしても、給与や待遇のことにばかり目を取られていたら、実はその企業がやっているビジネスは社会的にグレーゾーンで、多くの人に迷惑をかけているかもしれません。いくら待遇がよくてもそんな企業で長く働くことができるでしょうか。逆に、企業の本質、すなわちその成り立ちや経営

者の考え方などを知れば、このような間違いを防ぐことができるでしょう。

　企業の本質を捉えるやり方は後の章で詳しく説明します。ここではそれぞれの目的に対し、どのように企業分析を活用していけばいいかということをお話しします。ぜひあなたの目的に合った企業分析の使い方を考え、この本を有効に活用していただければと思います。

投資

　私は日々投資のために企業の分析を行っています。その最も重要な観点は「その企業は長期にわたって利益を伸ばし続けられるか」ということです。もちろん最初はこれまでの業績やビジネスモデルの優位性などを検証するのですか、それらは一時的なものである可能性があります。「長期で」ということまで考えると、結局はその企業が持つ理念や顧客に提供する価値は何かということを突き詰められているかどうかが判断基準となってくるのです。

　むしろそこまで行かなければ、投資で優位性を発揮するのは難しいといえます。なぜなら、既に開示されている過去の利益

や現在のビジネスモデルは誰でも知っているからです。本当に重要なのは未来のことであり、業績などの情報を知った上で、その企業が持つ性格を加味しながらどこへ向かっていくのかを想像することで、初めて投資家として優位性を発揮することができます。

「優位性」といっても必ずしも難しく考えなくて大丈夫です。なぜなら、ここに正解はないからです。重要なのは企業を分析した上で投資家自身がどのようなストーリーを描くかということなので、その描き方は千差万別です。数字ばかりいじっているアナリストよりも、その企業の商品を普段から使い、その理念を本当の意味でよく分かっているあなたの方が正確な未来を描ける可能性もあります。

　すなわち、ここでも大切になってくるのは企業の表面的な数字ではなく、**企業が持つ本質**ということになってくるのです。

　具体的な投資のやり方については第6章で解説します。

就職活動

　もしかしたら、あなたは就職を控えた大学3、4年生かもしれ

ません。あなただったら、どのような観点で企業を分析したいと思うでしょうか。

　私の就職活動もそうでしたが、大学入試の延長線で「偏差値」的な考え方が抜けきれませんでした。インターネットで誰かがつくった「就職偏差値」なるものを参考に、これが高いところに就職できたら「勝ち組」だと考えていたのです。しかし既に説明した通り、これほど愚かな選び方はありませんでした。

　企業に就職すると、毎日出勤する中でその企業の考え方が嫌でも染みついてきます。私がそれを感じたのは、休日出勤の時でした。平日はスーツで出勤しているので、他の人がどのような私服を着ているかなど知る由もないのですが、私服で出勤することになった休日出勤で、みんながほとんど似たような服（ポロシャツにジーンズ）を着ていたのです。ファッションのことなので一概には言えませんが、何か根底のところで意識が共通していたように感じられた瞬間でした。

　皆さんも他の会社の人を見て、必ずしも社章がついているわけではないのに「この雰囲気はあの会社の人かもしれない」と感じたことはないでしょうか。意識するかどうかにかかわらず、毎日通っている会社の雰囲気には多かれ少なかれあなたも

染まってしまうのです。

その雰囲気が大好きならそれが一番よいですが、そうでないのならこれほどの苦痛はありません。私も会社を辞める前はそれが嫌で、業務時間が終わったら一秒でも早く会社を出たいと思っていました。ぜひあなたにはそうならないような会社を選んでほしいものです。

そのために企業分析は非常に役に立ちます。創業者や経営者の理念、扱っている商品の考え方や価値などをしっかりと理解することで、それがあなた自身にとって納得感の高いものであるかどうかを理解することができます。近年声高に叫ばれている「フィロソフィー経営」にも通じるものがあるでしょう。最終的にはそれらと待遇面を考慮して就職したい企業を見つけるというのが就職活動において最も大切なことだといえます。

採用する方から見ても就活生のスペックが高いに越したことはありませんが、最終的に選ぶ基準として重要視しているのはその会社の雰囲気に合っているか？　です。これは私自身が人を採用した経験からも言えます。つまり、企業分析によって本当にあなたの雰囲気に合った企業を見つけることができれば、結果的に就職活動もスムーズに進めることができるのです。

転職活動

　転職活動をする人は、新卒での就職活動よりもより広い視野で分析を行うことが可能になります。何より、すでに1度会社に入って社会人生活を送っているので、会社というものがどんなものなのかを肌で理解しているはずです。その中で、外側の表面的な部分から見える会社とその中身の乖離を身をもって体感しているはずです。

　転職活動をする人がまず行うべきなのは、転職したい会社の分析よりも今あなたが所属している会社の分析です。それを決まった企業分析のやり方に基づいて行うことにより、本当に見るべきはどの部分なのかということに重心を置いて分析することができるはずです。

　とくに今の会社が合っていないと感じるならば、何が原因で合っていないのか。仕事に対する考え方が合わないのか、働き方が合わないのか、それとも一緒に働く人が合わないのか。そしてそれをもたらしているそもそもの企業の本質とは何なのかを突き詰めて考えることで、次の就職先の選び方が決まってくるはずです。

　これは私の個人的な意見ですが、新卒で入った最初の会社を定年まで勤め上げる必要は全くないと考えます。なぜなら、まっさらな状態で選んだ企業が本当に自分に合っている可能性は、ダーツの素人がいきなりど真ん中に当てるようなものだからです。

　最初に入った会社で様々な体験を行い、それをもとに知識を得て、本当の意味で自分に合った会社を見つける。これを複数回繰り返すことにより、自分が求める会社に辿り着く可能性が上がっていきます。ただし、実際にはいくつもの会社を転々とするのは現実的ではないので、企業分析によってその数を補うことができれば、より成功確率を上げることも可能でしょう。

　その意味で企業分析を行いその本質を知ることは、その会社で働いたとしたら？　と考える「疑似体験」を積んでいるとも言えるかもしれません。企業を見る目が肥えれば、あなたも「セルフ転職エージェント」として、納得のいく結果を残すことができるでしょう。

日々のビジネスや経営

　もしあなたが企業や事業部の戦略を考える立場にある場合

も、企業分析は大いに役立ちます。

　企業の戦略立案を行う場合に、よく他社との売上の比較やシェアの比較などを行うことがあると思います。大抵はそこから自社のステップアップを目指し「売上何億円」「シェア10%アップ」などの目標を掲げることが多いと思います。しかしそれでは単なる気合いの掛け声に過ぎず、戦略を立てたとは言えません。

　もしライバル企業がうまくやっているとするならば、あなたの企業がやるべきことは単に数値的にそこに追いつこうとするのではなく、ライバル企業がうまくやっている要因を見出すことが必要です。そのために役に立つのが企業分析ということになります。

　あなたの企業とライバル企業の何が違うのか、ライバル企業がうまくいっている本質は何なのか。もしあなたの企業とライバル企業の根底にあるものが異なるなら、単にライバル企業のマネをしただけでもうまくいかない可能性は高いと言えます。

　例えば、ライバル企業がDX（デジタル・トランスフォーメーション）に成功していたとしましょう。あなたの企業はそ

れをマネようとするかもしれませんが、一旦それを待ってみてください。

　ライバル企業は社歴が浅く、若い人が多いかもしれません。一方でDXに成功したのだとして、もしあなたの企業にベテランが多いとすれば、デジタル技術を使いこなせないかもしれません。一方でベテランの強みが人を介した手厚いサポートだとするなら、あなたの企業がやるべきことは、人を介した戦略を中心に考えるべきです。むしろその方が、同じようにITが苦手な顧客に対しては有益なものとなるかもしれないのです。

　他の企業がなぜうまくいっているのか、その本質を捉えなければ分析する意味がありません。単にマネしてもうまくいかないからです。多くの企業を分析することで、本質を見極める力をつければ、あなたの企業が向かうべき先も見えてきます。

　自分の業界だけでなく様々な業界の動きを見ていれば、他社に先駆けたビジネスも見つかるかもしれません。現に私も投資顧問という昔ながらのビジネスに対し、SNSの世界の概念を取り入れたモデルを作ろうとしています。これは普段から多くの企業を見てきたからこそ自信を持ってできると断言できます。

日常生活

　企業分析と言うと堅く考えてしまいがちですが、実は日常生活でも役に立ちます。

　例えば回転寿司で食事をするとしましょう。企業分析を行っていれば、食に対する満足度が変わってくると言っても過言ではないかもしれません。なぜなら、回転寿司というのはその原価率によってコスパが大きく変わってくるからです。

　まず、どの回転寿司チェーンを選ぶかというところから大きな差が出てきます。例えばスシローは他の回転寿司に比べて原価率が高めです。これは「サイドメニューではなく寿司にこだわる」という同社の理念を表したものです。サイドメニューよりも「よい寿司」を安く食べたいと思うなら、スシローを選ぶことが賢明となります。

　さらにお店に入ってからも大きな違いが出てきます。単純に値段だけを考えると100円皿を取ってしまいがちですが、コスパという観点では必ずしも賢い選択とは言えません。なぜならスシローを分析すれば、原価率が高いのは100円皿の商品よりもむしろ高額商品であることが分かるからです。高額商品の原

価率が高いのは、それでお客を惹きつけて、逆に利益率の高い100円皿を買わせようとしているからです。

　もちろんコスパだけが全てではないと思いますが、企業のことをよく知っていれば自分の消費行動も大きく左右されることになります。このような観点で見ると企業分析は非常に楽しいものになるのです。

趣味

　企業分析を楽しむことを極めたら、やがて「趣味」の領域にまで達します。ここまで来れば、もはや普段の生活の中の自然な行動として企業分析を行うことができるようになります。

　もちろん趣味ですから、何か目的があってやるのではなく、純粋に企業分析が好きだから企業分析を行うことになります。しかし結果的にそれが自分の仕事や投資につながってくることにもなるのです。

　2014年に亡くなった、ロナルド・リードというアメリカ人がいます。ガソリンスタンドで働いた後、定年後は清掃員として働いた貧しいと見られていた人でしたが、亡くなった際に株

式を約800万ドル（約10億円）も保有していたのです。このエピソードは全米で話題になりました。

　彼の投資手法はシンプルで、よいと思った企業に投資し、ひたすらそれを持ち続け、配当を再投資に回すというものでした。そこで投資する企業は、アメリカン・エキスプレス、P&G、ジョンソン＆ジョンソンといった盤石の企業ばかりでした。しかしいくら盤石といってもそれらを持ち続けるにはかなりの胆力が必要だったはずです。また保有していた銘柄数も95銘柄に及んだということです。

　そこで鍵となったのが、彼の趣味でした。彼は図書館に通うことが趣味で、そこで多くの企業を分析していたようなのです。結果として多くの企業を知ることができ、それらを信頼して持ち続けることができたのではないかと想像します（ちなみに彼は遺産の大部分をお世話になった図書館に寄付しています）。

　図書館に通い企業を分析することが趣味ならば、お金はほとんどかかりません。しかしその趣味が結果として彼に莫大な財産をもたらしたのです。

　彼が行なっていたことは、あのウォーレン・バフェットにも通じるところがあります。バフェットも日中の大半は部屋にこもり、企業のアニュアルレポートを読むことに費やしているそうです。まさに「企業分析」が趣味であるといっても過言ではありません。

　このように企業分析に没頭すれば、仕事も投資も日常生活もうまくいく可能性があるのです。資本主義社会においてこれほど素晴らしい趣味はないのではないかと思います。かくいう私も、いくらでも自由な時間があるのなら、リードやバフェットのようにひたすら企業分析に打ち込んでいたいなと思うばかりです。

企業分析に資格は必要？

私は投資顧問の仕事やYouTubeを発信していて「どうやったらそんなに企業分析ができるようになりますか」と聞かれることが多くあります。そしてその次には「どのような資格を取ったらよいか」と続きます。

　私は、経済学部経営学科を卒業し、証券アナリストやMBA（経営学修士）を持っています。これらが企業分析の基礎になっていることは確かです。

　しかしこれがなかったとしても、十分に企業分析はできるようになると思います。逆に言えば、このような資格を持っていたとしても、「あること」を行わなければ企業分析ができるようになりません。その「あること」とは、「とにかく多くの企業を分析する」ということです。

　私はMBAまで取り終えて、自信満々に企業分析のブログを書き始めました。しかし、今それを見てみるとあまりに稚拙でツッコミを入れたくなるところばかりです。

　もちろん今でも完璧な分析ができるわけではないのですが、投資顧問という仕事やYouTubeを盛り上げていくために自分に課した課題が「1社でも多くの企業を分析する」ということでした。一番多い時では、1年で500社以上は分析したと思います。それを続けていくうちに理解が深まり、今ではそれなりに企業の本質に迫った分析ができると感じています。

　そう感じられるのも、多くの企業を分析して様々なパターンを知ることで、他の企業を見た時の相対的な位置づけを理解できるということがあるのではないかと思います。要するに勘所をつかんだということなのかなと思います。

　多くの企業を分析する上でよかったと思えるのが、企業分析にかかる時間がどんどん短くなってきたということです。もちろんその深さにもよるのですが、上場企業の場合、その企業のことを「理解できた」と思えるまでにかかる時間は約15分というところまで短縮されました。最近ではパソコンがなくてもスマホだけでできてしまいます。

1社にかかる時間が短くなればなるほど、より多くの企業を分析することができます。これが積み重なれば、やがて莫大な量のデータベースが自分の頭の中に構成されていくのです。このようにしてとても多くの量の企業を分析してきた結果として、今の自分の企業分析の力があると考えています。

　証券アナリストやMBAは私の企業分析の能力を構成するうちの1%にも満たなかったのではないでしょうか。より大切だったのは、1年に500社もの企業を分析したこと。これに尽きます。

　多くの企業を分析することができれば、もし資格がなかったとしても十分に企業分析の熟練者になることはできるでしょう。もちろんこの本では、その入口に立つためのやり方を伝えたいと思います。このやり方にしたがえば、あなたも1社を15分で分析し、やがて自然体で企業を分析するようになれるでしょう。そうなればあなたも資本主義の達人として、この世をうまく渡っていくことができるはずです。

第2章

プロの
企業分析とは

企業分析は「未来」を
見通すためにある

企業分析の「目的」を示しましたが、これらには大きな共通点があります。それは企業分析を皆様のリアルに役立てようと思うなら、重要なことの大部分は過去ではなく未来だということです。

普段私が仕事として取り組んでいる投資の世界では、過去に起きたことをいくら知っていても、これからの株価の動きを予測することはできません。少し難しい話になりますが、理論的に示せる企業の価値は「その企業が生み出す将来のキャッシュ・フローの現在価値総和」です。すなわち、未来の業績を予測することがアナリストに求められることなのです。過去の業績にこだわることは、バフェットの言葉を借りれば「バックミラーを見ながら運転する」ようなものなのです。

就職活動にしても同じです。いくら過去の実績が素晴らしい企業に入ったとしても、あなたが経験するのは「これからの未来の話」です。

　企業に入ると「昔の武勇伝」を語るおじさんがいます。素晴らしい実績を残したことを何度も部下に語り続けます。彼としてはこれからの君も同じような経験ができると言いたいのでしょうが、その保証はどこにもありません。時代は常に移り変わっているからです。

　もしあなたが部下だとして、過去の武勇伝を語り続ける上司と、これからの未来を語る上司のどちらについていきたいと考えるでしょうか。私だったら、これから自分も一緒に経験できる未来のことを語る人についていきたいと感じます。

　この話はそのままビジネスの話にもなります。あなたが企業や部署を引っ張るリーダーだとして、いつまでも過去のことにこだわっていたら、これからの成功を得ることは難しいでしょう。もちろんこれまで積み上げである過去のことを知ることは非常に大切です。しかし重要なのはそれをそのままにするのではなく、未来に向けてどう動けばよいか考えることです。

　企業の未来を見通す必要があるというのは、消費活動についても言えます。私の妻の実家は約30年前のバブルの頃に家を建てたのですが、その後の不況もあり家を建てた会社は倒産してしまいました。そのため、その後のメンテナンスや図面など

を得ることができなくなってしまったのです。

　家のような耐久消費財を買う場合、最初に買った時以上に将来のメンテナンスが重要となることがしばしばあります。そんな時に、仕事を依頼しようとしている企業は本当にその先何十年と存続し続けられるのか？　という観点を持つことが、あなたの生活のクオリティに大きな影響を及ぼすことになるでしょう。

　未来を見通す企業分析の中で、精緻な財務分析は必ずしも必要ありません。なぜなら、財務はあくまで過去のものにすぎないからです。財務指標を小数点単位で正確に計算したところで、1年先の未来さえ同じ数値が再現されるわけではありません。私が数値を認識する際に使うのは、多くの場合上から2桁位の数字までです。

　より重要なのは、企業が進んでいる「ベクトル（方向性）」です。平たく言えば、その企業は成長しているのか衰退しているのか、高級志向なのか大衆志向なのか、国内で活動する企業なのかグローバルを志向する企業なのか、積極的な企業なのか慎重な企業なのか、などです。すなわち、企業の「性格」を理解するということです。

　もっとも、過去のことが重要ではないかといえば決してそんなことはありません。むしろ未来のことはどこまでいっても想像でしかないので、過去に対する理解のない未来のストーリーは単なる「妄想」です。重要なのは過去に起きたことの意味や本質を理解し、それが未来にどのようにつながっていくのか考えることです。それを行うことで未来を予測する精度は間違いなく向上していきます。

　それでも百発百中ではありませんが、企業分析を行って未来の予測精度を高めることは、現在の自分がやるべきことを判断するために有益になることは間違いありません。皆様にはぜひ「未来のための企業分析」を行ってもらいたいと思います。

MBAで学んだこと

私は経営コンサルタントの大前研一氏が主宰する株式会社ビジネス・ブレークスルーとオーストラリアのボンド大学の共同プログラム「Bond BBT」でMBA（経営学修士）を取得しています。ほぼ全てのカリキュラムがオンラインで行われるMBAプログラムなのですが、私が入学したのが2012年と、コロナ禍が訪れる8年も前のことなので、当時としては画期的なものでした。

　プログラムの中には大前研一氏が行う講義があり、そこで行われるのがRTOCS（Real Time Online Case Study）というものです。MBAというと、実際の企業戦略のケースを学ぶケース・スタディが象徴的ですが、テキストに載っているケースは「過去」のものです。一方でRTOCSでは、今現在起きていることをああでもない、こうでもないと議論します。「未来」のことについて議論することになりますから、テキストのケースと異なり唯一の「答え」がないのです。

　講義では毎週1社を取り上げて「あなたがこの会社の社長な

らどうするか？」というテーマで他の受講生と議論を重ねます。多くはこれまで自分とは直接的にかかわりのなかった企業ですから、そこがどんな企業かを知るところから入ります。まさに「生きた素材」を使った学びになるわけですが、これは私が企業分析にのめり込む大きなきっかけとなりました。

　企業について自分で調べて、「AirCumpus」という掲示板に、受講生が調べた内容と自分の意見を投稿します。私は証券会社に勤めていたこともあり、企業について調べることはさほど苦ではなかったのですが、いざそこから戦略を考えるというフェーズになると本当に様々な意見が飛び交い論戦を繰り広げられました。

　他の受講生も様々な業界からやって来たビジネスのプロフェッショナルですから、それぞれが自分の経験やモットーを持って取り組みます。すると、講義としては同じことを学んでいるはずなのに、十人十色の意見が出てくるのです。その背景は、現在彼らが置かれている立場によって、企業をどの側面から見るかというところによるところが影響していると感じています。

例えば、私は財務面から見ることが多かったのですが、営業の方はマーケティングの視点、製品開発をされている方は商品からの視点と、こんなにも違った角度からの見方があるんだと学びました。一方で、それぞれの経験からバイアス（偏り）がかかっていることによって、客観的な結論を導き出せない人も見てきました。そんな時に必要になってくるのが、企業を中立的な観点で見るための「フレームワーク」なのです。今考えると、このフレームワークを徹底的に叩き込むことがRTOCSの目的だったのだろうと思います。

　1週間議論を行い、最後は大前先生としての「答え」が示されます。大前先生と言えば、日本を代表する世界的な経営コンサルタントで、その方の考えを聞けるというだけでも大変勉強になるのですが、自分でその会社について調べているからこそ、その回答に対する納得感はひときわ高いものがあります。一度RTOCSで取り上げた会社は、その後、目にすることがあるとついつい注意して見てしまいます。

　その中で驚くことがありました。当時ダイエーの分析を行ったのですが、そこでの大前先生の回答が「イオンの傘下に入る」というものでした。大前先生の答えにはM&Aが挙げられることが多く、さほど気にはしていなかったのですが、その数

カ月後、実際にダイエーはイオンに買収されることになったのです。

　もちろん大前先生のことですから、直接的な影響を及ぼした可能性は否定できません。しかし、それが多くの人にとって合理的だったからこそ実現したことでもあります。このことからしっかりと企業分析を行えば「未来はある程度予測できる」と考えるようになったのです。

　この考えをもとに私は企業分析を深化させることで、現在のつばめ投資顧問を立ち上げようという考えに至りました。いわば私の人生にとって大きな転機になったのです。

　ここからは私がRTOCSから何を学び、どうやって自分なりの企業分析に落とし込んでいったかをお話しします。

　※RTOCS（アールトックス）は株式会社ビジネス・ブレークスルーの商標です。

3C (Company, Customer, Competitor) で客観的視点を養う

　大前先生が提唱した企業分析の手法として最も有名なものが「3C分析」と呼ばれる手法です。3Cとは、Company（自社）、Customer（顧客）、Competitor（競合）の観点から企業が置かれている状況を見るというものです。

　企業分析と言うとどうしてもCompany（自社）にばかり偏ってしまいがちなのですが、それだけだと客観的な分析とは言えません。なぜなら、企業が存在するためには変数として顧客や競合の動きを無視することはできないからです。このような外部環境が企業に与える影響を認識して初めて客観的な分析ができるということになります。

　企業が公表する中期経営計画の中では、このうち「顧客」や「競合」の観点を見失っているものが見受けられます。それはとても響きよく聞こえるのですが、冷静になって考えてみると、その企業が行おうとしている事業にそもそも顧客が存在しなかったり、もし存在しても市場が小さいことが珍しくありませ

ん。また、もうすでに他の企業が手がけていたり、競合からすぐにマネされてしまう可能性があるものだったりします。

このような中身のない中期経営計画をベースに企業分析を行ってしまわないためにも、3C分析により客観的・論理的に判断することが必要なのです。

そんなの当たり前だと思われるかもしれませんが、もしあなたが社会人なら、自分の会社のことを考えてみてください。はたして本当に顧客や競合の動きが見えているのでしょうか。もしそうでないと感じるなら、あなた自身または会社の経営陣は自社の企業分析を正しく行えていないということになります。

個人的な体験で言うなら、恋愛で考えると面白いかもしれません。顧客があなたにとって恋人にしたい人だと考えると、自社だけを分析することはひたすら「自分磨き」をしているようなものだといえます。しかし、いくら自分磨きをしても、相手が振り向いてくれなければどうしようもありません。その間にライバル（競合）に持って行かれてしまうかもしれません。そうならないためには、頻繁に相手に話しかけ、ニーズを汲み取る必要があります。相手が、お花が好きだとしたら、バラを贈るのは有効なプレゼントになるでしょう。

ただしこれは、単純にライバルの上を行けばよいという話でもありません。ライバルがバラを100本送るなら、自分は101本送ればいいかと言われればそうではないのです。

　ここで大切なのは**あなたの強みを活かす**ことです。あなたの取り柄が優しさなら、日頃から細かいことに気がつき相手を助けてあげることが有効かもしれません。素晴らしいデートプランを立てられるなら、それを相手に積極的に提案することが大きなポイントとなる可能性があります。すなわち、顧客や競合の分析ばかりではなく、自社の強みに焦点を当てるということもまた必要になってくるのです。

　自社や競合の分析は、やり方さえ覚えてしまえばそんなに難しくありません。とくに上場企業であれば、有価証券報告書をはじめ、様々な情報が揃っています。競合も基本的には自社分析と同じで、後はどこを競合と認識するかだけの話です。

　一方で、情報が最も曖昧なのは「顧客」です。市場規模などはシンクタンク等が発表しているレポートによって把握できるのですが、それが今後増えていくのか減っていくのか、社会情勢の変化もあり容易には想像できません。そこで最も活躍するのが「自分が顧客になった場合」です。

図01 【3C】

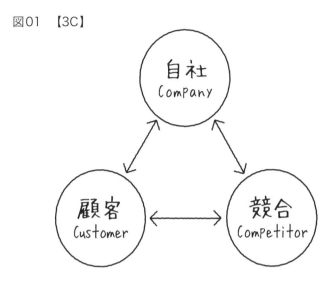

　自分がその会社の顧客になると、まさにその企業が利益を出せるかどうかの第一線で情報を得ることができます。それは財務諸表のようなカチッとしたものではないかもしれませんが、リアルな一次情報であることは間違いありません。この情報はどんなアナリストでも得ることはできないため、何よりも貴重な情報です。

だからこそ、消費者である皆様が投資のプロに対しても優位性を発揮できる場面は少なくないと考えるのです。アメリカで伝説となっている投資信託「マゼランファンド」を率いたピーター・リンチ氏も著書『ピーター・リンチの株で勝つ』の中で「アマチュアだからこそ、プロに勝てる」と言っています。皆様にもぜひこの感覚で素晴らしい企業を見つけてほしいというのが私の願いです。

SWOT分析で整理する

3Cの観点での分析をひと通り行ったら、次に行うのが「SWOT分析」です。これは聞いたことがある人も多いのではないかと思います。SWOT分析とは、その企業が置かれているStrength（強み）、Weakness（弱み）、Opportunity（機会）、Threat（驚異）を抽出し、その企業の特徴を浮き彫りにするものです。

この中で、StrengthとWeaknessは内部環境、OpprotunityとThreatは外部環境です。内部環境は自社分析と競合分析、外部環境は顧客分析と競合分析をそれぞれ合わせたものと見ることもできます。要するに、3Cで分析したものを整理しただけにすぎず、新しい分析を行うわけではありません。それなら必要ないのでは？　と思われるかもしれませんが、分析したことを整理し直すことでより論点が明確になります。

何より有効だと私が考えるのが、その企業にとってのプラス面とマイナス面の両方を記載できることです。分析を行っていると、分析者自身の癖によりプラスあるいはマイナスのどちら

かに偏ってしまうことがあります。もちろん最終的には偏りを完全に避けることは難しいのですが、少なくとも早い段階で先入観にとらわれて、よい企業を見逃してしまうのはもったいないことです。

何より、強みは裏返すとそのまま弱みに、弱みは逆に強みになります。SWOT分析を繰り返していると、物事には両面性があることを嫌でも思い知らされます。やがて、意識しないでも「その裏は？」と考えることができるようになり、分析の精緻化へのスピードが速まっていくのです。

最近私が分析した企業の中で具体例を挙げるとするならば、任天堂のケースがあります。任天堂は、ご存知の通りSwitchというゲームやマリオ、どうぶつの森、スプラトゥーンといった様々なキャラクターを有することが強みです。一方で、ゲームが売れるかどうかはギャンブルのようなところがあり、時には赤字になってしまうなど不安定なところが弱みでした。

そこで任天堂が最近行っているのが「IP（知的財産）戦略」です。任天堂が持つキャラクターをゲームだけではなく様々な場所で露出することで、任天堂のゲームに対する認知・愛着を引き上げていこうとするようになりました。直近では、ユニバー

サル・スタジオ・ジャパンに「スーパーマリオワールド」という アトラクションを設けるなどの事例があります。

　もしこれで、ゲームが売れるかどうか分からないという 「ギャンブル性」から抜け出し、任天堂のゲームを買う人口が累 積的に増えるような状況になれば、任天堂はこれまで以上にま すます成長できる可能性があると考えます。株価も大きく伸び ることが期待できるでしょう。

　このように、「強み」「弱み」を浮き彫りにしてそれぞれに対 する企業の姿勢を見ることで、今後企業が進むべき方向性が明 確になることがあります。ここで分析した「強み」や「弱み」は 現在、あるいは過去のものにすぎません。それを企業が強化・ 克服できるとしたら、未来に向けてその企業は良くなっていく と言えるはずです。その意味で、SWOT分析もやはり未来志向 のものなのです。

　もっと言えば、一見すると弱みと考えられる部分すら愛する ことができれば、あなたは本当の意味でその企業を「推し」と して捉えることができるでしょう。

図02 【SWOT分析】

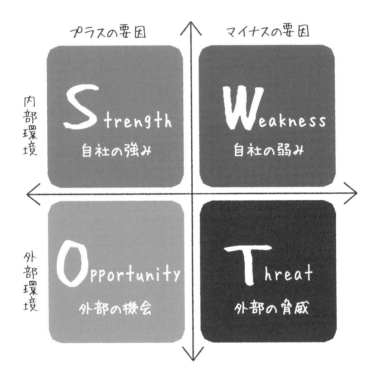

タテから見る、ヨコから見る

私は大学受験で世界史を選択していたのですが、その時に大いに参考にさせてもらった参考書に『タテから見る世界史』『ヨコから見る世界史』があります。

世界史は、様々な国・地域のことを扱っています。基本的にはそれぞれの国や地域で起きたことを時系列に追っていくことになるのですが、一方でそれぞれが独立しているわけではないので、ある地域の歴史に突然別の地域の歴史が入り込んできたりします。

世界史を専攻していない方にも分かりやすく説明するとしたら、鎌倉時代に中国の元が日本に攻め込んできた「元寇」です。元はもともとモンゴルから生まれた国家であり、強力な騎馬隊を武器に中国を統一、やがてアジア中を征服していきます。日本は鎌倉時代で、北条時宗が執権だった時に元が攻めてきたのですが、運よく「神風」が吹き、辛くも追い返すことに成功しました。元は騎馬隊が強みでしたから、もし日本が大陸と陸続きだったらあっという間に征服されていたかも……。

センター試験ならそれぞれの国で起きたことを時系列で並べられれば問題なかったのですが、東大の世界史はひとつの地域だけでなく、世界横断的にどのような理由で何が起きたのかを問うてきます。元寇の例で言うならば「どのような経緯で元は日本に攻め込んできたのか？　その起源から元寇までを△△という語句を使って論述せよ」という具合です。すなわち、世界史の中で「ヨコ」の繋がりが分かっていなければ、よい論述をすることができず、点が取れない仕組みになっています。

　教科書ではそこまでサポートしてくれません。あくまで、それぞれの地域のことが別々に書かれているだけです。論述に回答するためには個別の出来事を時系列で覚えているだけではダメで、外部のどのような力が働いて事象が起きたのかを理解していなければなりません。当然、外部は外部で時系列的に進んでいますから、そちらの動向も理解していなければなりません。

　とても難度が高く苦労した思い出があるのですが、考えてみれば現実の世界はまさにここで言う「タテ」と「ヨコ」の双方から何が飛んできてもおかしくない世界です。企業にしても「今タテ（内部）の問題をやってるから、ヨコ（外部）の影響は一旦無視して」というわけにはいかないのです。

　企業分析にしてもこれは同じです。その企業を理解するためには、タテとヨコの双方を理解しなければなりません。ここで言う「タテ」とは、これまで企業が積み上げてきた歴史、ヨコは現在や未来の外部環境や競合の状況が当てはまります。

　例えば、トヨタ自動車を取り上げてみましょう。「タテ」を見るなら、豊田自動織機から生まれ、「ジャスト・イン・タイム」や「かんばん方式」に代表される「トヨタ生産方式」を確立させながら、やがて世界一の自動車メーカーへと成長していきました。プリウスが爆発的なヒットとなり、環境分野でも一歩先を行っていると見られていました。「タテ」だけ見れば、トヨタの今後は盤石のようにも見えます。

　ところが、急速な電池技術の発達により、環境対応車として電気自動車（EV）が登場し始めます。その代表格がテスラです。テスラは、電気自動車・自動運転・ソフトウェアの自動アップデートなど、自動車業界にとって革新的な技術を打ち出し、あっという間に時価総額でトヨタを抜き去って行きました。テスラの躍進の背景には、当然インフラとしてのインターネットの発達やスマートフォンの普及があったことは言うまでもありません。

最近では街中でも当たり前にテスラの車が走っているのを見るようになりました。はたしてこれからの世界ではなおトヨタが横綱としての強みを発揮するのか、はたまたテスラがそのスピード感により一気に席巻してしまうのか。トヨタから見れば、まさにタテとヨコの衝突が最も激しくなっているのが現在と言うことができます。

　どちらが勝つかということは、普段からたくさんの企業分析をしている私でも予測は難しいことです。未来のことはどこまでも不確実で、確実なことなど何もありません。

　そんな中で私たちができることと言えば、客観的な分析を行いながら、最後は自分がよいと思える企業を「応援」することです。テスラのスピード感が好きならテスラを応援するとよいでしょうし、一方でトヨタの流行に流されない姿勢にも好感が持てます。最終的には自分が「推せる」企業を見つけ、そこに投資するなり、商品を買うなり、場合によっては就職するなりすればよいのです。

　ここで投資したり、商品を買ったり、就職するということは、スポーツで特定のチームを応援するのに似ています。確かに、最終的に競争を行うのは企業の経営陣や従業員ですが、それを側面から支えようとする活動は、まさにファン活動、「推し活」に他なりません。

　サッカーでは、「ファンは12人目の選手」と言われるほど、試合の流れを決定づける強い力を持ちます。すなわち、企業を分析して好きな企業かを応援することは、休日にサッカーチームを応援しに行くことと同じようなものなのです（少なくとも、私はそのくらい企業を分析することが「趣味」となっています）。

最高のアナリストは
あなた自身

　うは言っても、どんな企業を分析したらよいか分からな
そ　いと感じる方も少なくないのではないでしょうか。

　確かに、最初から「最高の企業」を見つけ出そうとすると構
えてしまいます。とはいえ、よいとも思えない企業を「推す」の
はちっとも楽しくありませんよね。

　そこでおすすめしたいのが、自分にとって身近な企業をま
ずは分析してみることです。身近な企業であれば、そこが取り
扱っている商品やお店、従業員の様子を把握しやすいはずで
す。3C分析を行う時にも、自分が「顧客」であるならば、3つの
要素のうち1つはすでに形作られているでしょうか。

　例えば、洗剤などの日用品を製造・販売している「花王」が
身近な方は多いと思います。普段から花王の商品を買っている
としたら、あなたがなぜそれを買うのか、スーパーやドラッグ
ストアの棚のどれぐらいを占めているのか、価格は上がったか

下がったかなどを日常的に感じることができると思います。それこそまさに、企業分析の出発点です。

そもそも花王は儲かっているのか、最近出した新商品にはどんな目的があるのか、花王という会社の成り立ちはどうなっているのか──そんなことを考えながらスーパーに行くだけでも、分析のヒントはごろごろ転がっています。

ついでに花王だけでなく、その商品の隣に並んでいるメーカーと比較してみると、3C分析における「競合」にまで踏み込むことができます。すなわち、スーパーに行くだけで3C分析はほとんど完了してしまうのです。

たったそれだけでよい分析ができるものかと訝る人も少なくないでしょう。確かに、証券会社のアナリストのように一つひとつの細かな数字を押さえられるわけではありません。一方で、毎日花王の商品を買いに行くアナリストは決して多くありません。

財務諸表に並んでいる数字は、あくまで過去のものです。財務分析ばかり行っているアナリストは、いつまでたっても後ろばかりを見ているに過ぎません。

それに対してあなたが今日その商品を買ったということは、どのレポートよりも最新の情報であることは間違いありません。しかも、純粋な顧客として購入していれば、単なる仮説ではないリアリティがそこにあるのです。その感覚は、どのアナリストをも上回ることができます。

　実際に、消費者がアナリストに先立ってすばらしい企業を見つけられる事例というのはごろごろ転がっています。例えば、「業務スーパー」という格安スーパーマーケットチェーンがあります。元々海外からの輸入品を大量に売ることを得意としていましたが、牛乳パックに入った羊羹などのオリジナル商品も積極的に出すようになり、消費者の間で話題になりました。

　その後次々に店舗展開を図り、やがてテレビなどでも頻繁に取り上げられるようになりました。

　あなたは「なんだかお得そうだな。ちょっと行ってみよう」と興味本位で行って、思いのほかハマってしまうかもしれません。ここで少しだけ頭を企業分析モードにしてみると、安い商品を買えたという以上の大きなリターンを得られるかもしれないのです。

　業務スーパーを運営しているのは「神戸物産」という会社です。神戸物産の株価は、この10年で約40倍になっています。私が大学生だった約15年前には、近くにあった業務スーパーによく行っていましたから、10年前に10万円でも株を買っていれば、今頃それが400万円に化けていたというわけです。これこそ「お得」な買い物ですよね。

図03　【神戸物産】

3038　卸売業
(株) 神戸物産

スーパーという業態でも、株価が40倍になることも

10年前の神戸物産といえば、時価総額200億円ほどで、証券会社のアナリストもほとんどフォローしていないような状況でした。そんな時にあなた自身が「アナリスト」になることで、彼らに先んじて素晴らしい企業を見つけることができたのです。

　もし、あなたが業務スーパーにハマり、「また来よう」と思えたなら、それは企業分析の本質である「未来を見通した」ということに他なりません。それは、どんなアナリストレポートよりも意義ある情報となります。

　ピーター・リンチ氏は「アマチュアだからこそプロよりも素晴らしい投資を行うことができる」と言っています（重要なので、繰り返し引用いたします）。それはまさにあなた自身が「アナリスト」になるということに他ならないのです。

　ぜひ今すぐ街へ出て、企業分析を始めてみましょう。

経営者になったつもりで「ストーリー」を見つける

　て、この章もそろそろまとめに入りたいと思います。
さ　章の冒頭で、企業分析の最大の目的は「未来を見通すこと」だと言いました。では、その未来に対し最前線で戦っているのは誰でしょうか。おそらく、その企業の社長というのが最も有力な答えではないかと思います。

　RTOCS（P.50「MBAで学んだこと」）でも触れましたが、そのお題は常に「あなたがこの会社の『社長だったら』」ということでした。自分が社長になったつもりになって考えると、その会社のよい点も悪い点も、そして進むべき方向性も見えてくることがあります。もしかしたら、「岡目八目」（第三者のほうが、当事者よりも客観視できる）という言葉があるように、経営者より冷静な観点で見られるかもしれません。RTOCSから得られるメッセージは、経営コンサルティングという仕事の視点で見ると、「経営者の情熱を持ちながら、第三者として冷静に分析せよ」ということかもしれません。

ひと昔前の一般的な家庭では、父親がビールを飲みながらプロ野球中継を見て、監督の采配にケチをつけたりしていました。的を外していることもあったかもしれませんが、少なくともその行為を楽しんでいたと思います。これは企業を応援する時も全く同じだと思います。

　そこから一歩前に進めるとしたら、「自分が監督だったら、このチームをどのように率いるか？」を考えてみると、野球を見るのもより面白くなると思います。今いる戦力から、攻めのチームをつくるのか、守りのチームをつくるのか。そこまで大上段に立って考えられれば、采配に口を出す楽しみも増えるはずです。

　実際には、プロ野球にしても企業にしても、外部者であるあなたの意思で采配を変えることはできません。したがって、まずは分析によってその企業が置かれている環境と今目指している方向性の理解に努めることが重要です。深く分析を続けるほど、企業がやろうとしていることの本当の意味が見えてくると思います。

　ここまでやってシンクロ率が上がってくると、やがて不思議なことが起きてきます。自分が「こう実行したら、この企業は

もっとよくなるんじゃないか」と考えていると、実際にその通りの計画や行動を発表することがあるのです。こうなったらしめたものです。その企業の経営者は、おそらくあなたと同じようなストーリーを描いているはずです。その経営者が真面目な人であるほど、その道に向かって進み続けるでしょう。

　すると、時間が経つにつれてあなたが描くストーリーと企業の未来が一致してきます。こうしてあなたは、その企業の「未来が見える」ところまで到達することになるのです。

　実際には、ここまでシンクロ率が上がることは、年間500社を分析する私でも稀です。あるいは、実際に長い時間フォローし続けられる企業は多くないと言うのが正確かもしれません。しかし、その数少ない状態になれたからには、いよいよその企業を「推し」として見続けることができるはずです。

　投資だったら、あなたが思い描く通りに企業が成長していく可能性が高くなります。消費者としてなら、商品を買う楽しみがどんどん増してくるでしょう。もしそんな会社に就職できるとしたら、まさに人生と「推し」がシンクロする自体になり、あなたの人生は輝くはずです。

このように、経営者になったつもりで企業を分析することで、あなたの未来も輝く可能性がグッと増すのです。私は投資に携わる仕事として企業の分析を行うのはもちろんですが、この楽しさをひとりでも多くの人に知ってもらいたいと思い、筆を擱っています。読者の皆さまにひとりでも多くこの楽しさを知っていただければと思います。

　次章以降は、いよいよ具体的な分析のやり方について触れていこうと思います。

第 3 章

プロの企業分析の実際

秘伝のメモ

さあ、いよいよ本格的な企業分析のやり方に入っていきます。

企業分析を始めるにあたっては、とくに初心者は、必ずメモを取ることをおすすめします。頭の中だけで考えていたのでは、やがて自分の興味の赴くままに思考が進んでしまい、せっかく客観的な分析を行っているのにその価値が半減してしまいます。

また、メモを残すことにより、記憶に留めやすくなり、もし忘れてしまっても後から見返すことができます。できれば、企業分析専用のノートを用意してください。バラバラに残していると、後からどこへ行ったか分からなくなってしまいます。

私は当初、学校で使うような普通のノートにメモを取っていましたが、企業分析の数を重ねているとあっという間にページがなくなってしまいました。これでは駄目だと、無印良品で単行本サイズの分厚いノートを買いました。しかしそれもページ

が1カ月程度でなくなってしまうばかりか、ペンのインクもすぐに切れてしまい、途方に暮れていました。書いたノートの保管する場所にも困るようになり、新たな方法を探していました。

そこで活躍したのが、デジタル技術の進歩です。少し前まではタブレット等への手書きは精度が悪く実用に耐えないと感じていましたが、各端末の専用のペンが出てくるようになったので試してみると、ノートとペンほどとは言えないもの、だいぶスムーズに書けるようになりました。

デジタルのメモのよいところは、いくら書いても紙もインクも切れないということです。無限に書き続けることができます。企業の名前をタイトルにしっかり入れておけば、後から検索することも容易です。私はもはや、手書きができるタブレットとペンを手放せなくなりました（ちなみに、ソフトはMicrosoftのOneNoteを使っています。色々試してみましたが、書き心地や記憶容量、端末間での使い勝手などは今のところ1番です）。

デジタルなら手書きじゃなくてもテキストで書けばいいじゃないかと思うかもしれません。私も全てテキストでメモを取っていたことがありました。しかしこれだと、どういうわけかあ

まり記憶に残らないのです。書いている内容も、面白みがなく堅い感じになってしまいます。

　私は脳科学の専門家ではないので詳しくはありませんが、人は基本的には「絵」で記憶すると言います。テキストのメモでは、画一的な文字が並んでいるので「絵」として認識するのは難しいのではないでしょうか。一方で、手書きで書いた文字は一つひとつの文字に味があり、その時の自分の感情を写しているようにも感じます。後から思い出す時も、なんとなくそこで書いた文字の全体像を思い浮かべることが珍しくありません。

　そもそも、キーボードやフリック入力で文字を打つ時には脳の容量をかなり使ってしまい、自由な発想が難しくなるとも言われます。今私たちがやろうとしているのは「未来」という不明瞭なものを想像することです。したがって、発想を「飛ばす」という意味でも、手書きの有効性は高いのではないかと感じています。

　とにかく、まずはメモを取り始めることが大切です。基本的にはあなたがやりやすい書き方で書けばよいのですが、それではこの本の意味がなくなってしまうので、私が行っているメモの描き方をご紹介します。

　書く内容としては、前章で紹介した3CおよびSWOT分析です。できれば見開きのページを使い、左側に自分が調べた「事実」や「ロジカルに導き出せる内容」を記載するようにします。こちらは主に「過去」のことが中心です。

　一方で、見開きの右側のページには「未来」のことを書くようにします。ここではまず、左側の事実から導き出される「ポジティブシナリオ」と「ネガティブシナリオ」を書くことを意識します。未来といっても手がかりなしで自由に発想するわけではありません。事実の分析から導き出される要因から導き出されたシナリオから、最もポジティブなものから最もネガティブなものの間にあなたのストーリーが入らなければなりません。

　その「幅」の範囲内で、様々に思いをめぐらし未来を想像することになります。

　左側の「事実」を書くページは、多少追加されていくことはあっても、大きく変わることはありません。一方で右側の「未来」を描くページは無限に膨らみます。最初に分析した時から時間が経てば、また新しい発想が浮かぶことがあります。これこそが企業分析の醍醐味です。

一旦左側のページを書いておけば、例えばその企業が運営する店舗を実際に訪れた時に気がついたことから、新たな未来を想像することができます。これを続けることで、その企業に対する理解はますます深まっていき、その企業の数を増やしていくほどやがて「これだ」と思える企業にたどり着く可能性が高まるのです。

　その企業こそ、あなたが「推せる」企業に他ならないのです。

図04 【分析メモの例】

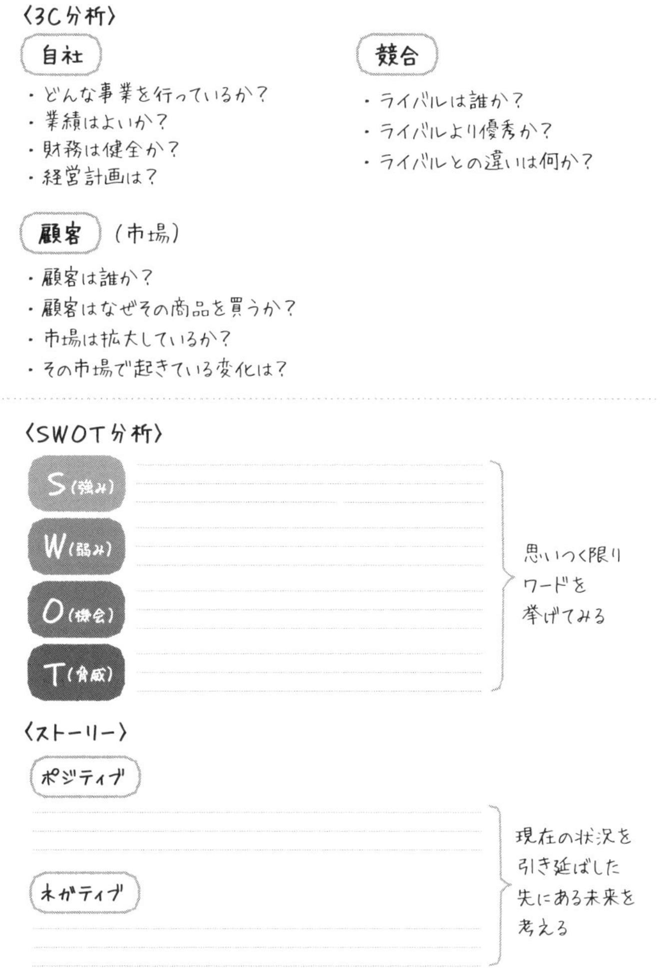

〈3C分析〉

（ 自社 ）
- どんな事業を行っているか？
- 業績はよいか？
- 財務は健全か？
- 経営計画は？

（ 競合 ）
- ライバルは誰か？
- ライバルより優秀か？
- ライバルとの違いは何か？

（ 顧客 ）（市場）
- 顧客は誰か？
- 顧客はなぜその商品を買うか？
- 市場は拡大しているか？
- その市場で起きている変化は？

〈SWOT分析〉

S（強み）

W（弱み）

O（機会）

T（脅威）

思いつく限り
ワードを
挙げてみる

〈ストーリー〉

（ ポジティブ ）

（ ネガティブ ）

現在の状況を
引き延ばした
先にある未来を
考える

有価証券報告書で
6割は埋まる

　　　モのテンプレートは分かったとして、問題はその中身で
メ　　す。一体どこからどうやって情報を取ってきたらよいの
でしょうか。

　そんな時私はルーティンを決めています。それは「有価証券
報告書」を読むことです。

　有価証券報告書とは、全ての上場企業が金融庁に提出する書
類です。基本的には上場企業に投資する際に投資家が知るべき
情報が網羅されています。有価証券報告書の書き方には決まり
があり、どんな企業であっても書かれている項目は同じです。
したがってどの企業を分析する時にも、同じリズムで考えるこ
とができます。

　もちろん、有価証券報告書を発行しているのは上場企業とそ
の他一部に限られますから、全ての企業を分析するというわけ
にはいきません。しかしもし有価証券報告書を発行していない

としても、それぞれの項目を埋めるような情報を探せば同じように分析することができます。

したがってここからは、有価証券報告書を発行している上場企業を前提として話を聞いてください。

有価証券報告書は以下のような構成で記されています。これを見ることで、メモの3C「自社」の大部分を埋めることができます。

図05　【有価証券報告書の構成】

記載項目	記載内容
企業の概況	企業の事業内容や沿革、資本金・売上高、従業員数など基本的な情報
事業の状況	中長期の経営方針、経営上のリスク、キャッシュ・フローなど、「企業の概況」より詳細な事業に関する情報
設備の状況	主要な設備（事業所や工場）や設備投資の状況、新設・除去計画などに関する情報
提出会社の状況	株式や株主、役員の状況、配当政策、コーポレート・ガバナンスなどに関連する情報
経理の状況	財務諸表や会計方針など、経理に関する情報
提出会社の株式事務の概要	事業年度の期間、株主総会の開催時期、配当基準日などの株式に関する事務的な情報
提出会社の参考情報	親会社の情報などの開示情報

出所 :OBC

ここでは重要な項目に絞って、私がどのように有価証券報告書を読んでいるかを解説します。

企業の概況

　事業内容や沿革、資本金・売上高、従業員数などの基本的な情報が得られます。まずここを見て、その企業の業績が伸びているのかそうでないのか、扱っている事業や規模はどの程度かなど大まかな状況を把握します。

　私は投資の分析において「よい企業」を探していますから、まずここを見て、伸びている企業ではないと判断したらそこで分析を打ち切ることも珍しくありません。ここには5年間の業績推移が書かれているのですが、その間業績が悪くなっているのに何も手を打っていないとしたら、そもそも企業としていかがなものかと思います。

　逆に、業績が見る見る伸びているようだったら、これからも伸びるかもしれないと期待が持てます。従業員の数が増えているとしたら、それだけ成長に対する気合が入っているのではないかと考えます（企業にとって従業員を雇うことはリスクであり、同時にエネルギーが必要なことだからです）。

　過去の業績で大きな変化があった時には、沿革を合わせてみるとよりその会社の具体像が浮かび上がります。例えば、**ある年に売上高と従業員数が急に増えていたとしたら、規模の大きな買収を行っている可能性**があります。その買収を何の目的で行ったかを理解することによって、次の章にも繋がる、企業の事業に対するスタンスが見えてくるのです。

事業の状況

　私が考える、有価証券報告書において最も重要な部分です。ここに企業の中長期の経営方針やリスクなどが記されています。ここに詰まっているのが、「企業の概況」に記されたものの先にある未来のことです。

　「中長期の経営方針」は項目こそ決まっていますが、そこに書く内容は割と自由度の高いものです。だからこそ、**この部分に企業の色が出る**と考えています。ここを通りいっぺんのものに済ましてしまっているような企業は、正直あまり私としては見る気が起きません。要するに、企業は将来に向けて何も考えていないと映るからです。

　「何も考えていない」なんてことあるかと思うかもしれませんが、大企業ではしばしばそういうことが起こります。サラリー

マン経営者で、あくまで社内の出世競争を勝ち抜いて来ただけの社長であれば、前例踏襲で内容は担当部署任せということも珍しくないのです。

　逆に言い回しから「これは社長が自ら気合いを入れて書いたものだろう」と想像できるほどのものもあります。書いてある内容はもちろん冷静に分析する必要がありますが、そこにある**書いた人の熱量は、多くの有価証券報告書を読むことで違いが浮き彫りになってきます。**すなわち「行間を読む」ということです。

　経営方針が経営者の思いを詰め込む場所なら、「事業のリスク」は第三者的にその企業が置かれている立ち位置を把握するのに役立ちます。いくら素晴らしい経営を行っていても、経営に及ぼす外部環境の影響が大きければ、いかんともしがたいことがあるからです。

　経営に与える影響が大きいリスクを認識することで、今企業が置かれている立場をより冷静に見ることができます。もし業績の調子が悪かったとしても、それは外部環境の影響によるものであって、逆に外部環境が好転した際には業績が大きく回復する可能性があります。

　企業として重要なのは、外部環境がどう動くかということももちろんですが、外部環境が大きく変わった際に生き残る施策を行っているかどうかというところです。それを見極めることが企業分析において最も重要なことなのです。

提出会社の状況

　提出会社の状況を見ることで、その会社に働いている力関係を見極めることができます。それはとくに「人」にかかわるものです。具体的には、「株主構成」と「役員の状況」がこれに該当します。

　株式会社とは文字通り株主の保有比率によって経営が大きく左右されます。すなわち、**株主構成の上位に来ている株主の影響力が大きくなるのです。**創業者がまだ株式の多数（3割以上）を持っているとしたらその影響力は絶大なものでしょう。一方で、支配的な株主がおらず、信託銀行などに分散している場合は株主の力が働きにくくなっています。後者は歴史のある大企業に多くなります。

　もうひとつ見るべきなのが役員構成です。その企業を実際に動かしているのがどういう人たちなのか。昔からのプロパー社

員で占められていることもありますし、外部からの登用が中心になっていることもあります。企業によっては外部取締役が過半数を占めていたり、マッキンゼーなどのコンサルティング会社出身がほとんどという場合もあります。

　株主にしても役員にしても、なぜそのようになっているのかは、企業の「沿革」を見ることでその変遷をある程度理解することができます。企業はどのような成り立ちで、今誰がパワーを持っているかによって、今後どのような方向に向かいそうなのかを想像することができるのです。

経理の状況

　ここにいわゆる財務諸表が入っています。大まかには「企業の概況」のところで業績の状況が把握できるのですが、細かな話になるとやはり財務諸表を読み解く必要があります。

　財務三表と言われる「貸借対照表」「損益計算書」「キャッシュ・フロー計算書」はもちろん、その他の明細やセグメント別の業績を見ることができます。

　　複数の事業を行っている企業では、セグメント別の売上高や

利益を把握することにより、その会社が実際にはどのような事業を中心に行なっているかを理解することができます。例えば、ポカリスエットやカロリーメイトでお馴染みの大塚ホールディングス（大塚製薬）は、これらの商品の売上高（ニュートラシューティカルズ事業）が全体の25％程度にすぎないことが分かります。

　こうなってくると、大塚製薬という企業を分析する際に必要なのは、ポカリスエットやカロリーメイトの消費動向以上に、「医療関係事業」であることが理解できるはずです（もちろん、ポカリスエットやカロリーメイトも重要な要素のひとつであることは付け加えておきます）。

　細かい財務諸表の読み方については、次の章で解説したいと思います。

図06 【大塚ホールディングスの財務諸表】

（単位：百万円）

	報告セグメント					調整額 （注）1	連結
	医療関連 事業	ニュートラ シューティ カルズ関 連事業	消費者 関連事業	その他の 事業	合計		
売上収益							
外部顧客への 売上収益	997,508	376,600	31,893	112,274	1,498,276	—	1,498,276
セグメント間の 内部売上収益 又は振替高	—	50	25	37,713	37,788	△37,788	—
計	977,508	376,650	31,918	149,987	1,536,064	△37,788	1,498,276
セグメント利益	137,342	46,559	5,312	11,437	200,652	△46,154	154,497
その他の項目							
減価償却費 及び償却費	55,718	14,501	1,611	8,584	80,416	4,438	84,855
持分方による 投資利益 （△は損失）	△1,971	411	7,906	2,160	8,508	—	8,508
減損損失	5,376	61	20	1,006	6,465	14	6,479
資本的支出 （注）2	93,625	19,598	2,673	10,742	126,638	17,470	144,109

出所：大塚ホールディングス

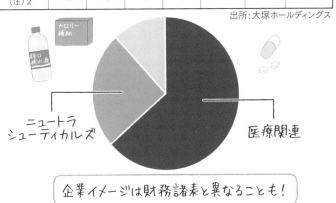

ニュートラ
シューティカルズ

医療関連

企業イメージは財務諸表と異なることも！

有価証券報告書で「3C」を埋める

有価証券報告書の中身を把握することで、メモの「自社」の大部分を埋めることができるはずです。そして、3C分析の「顧客」や「競合」も実はこの延長線上の分析にすぎません。

　事業の内容を把握するということは、顧客を把握することに直結します。経営の神様と呼ばれるピーター・ドラッカーは企業の役割を「顧客を創造すること」と定義しました。企業のやっている事業がよく分からなくなった時は「顧客は誰か」を考え直すことによってその本質を理解することができるはずです。それは3C分析の「顧客」の欄を埋めることになります。

　競合について、確かに有価証券報告書にはどこが競合であるかは書かれていませんが、これから紹介する他の情報源で業界のシェアやランキングを見ることでどこが競合に当たるかはある程度把握できます。競合がどこか分かれば、後は自社を分析するのと同じように有価証券報告書を見ればよいのです。もし

かしたら、目をつけた競合の会社の方がいい会社かもしれません。

NECの有価証券報告書を読む

　それでは、ここからは実例としてNEC（日本電気）の有価証券報告書を読み、メモにまとめてみようと思います。NECを取り上げたのは、Googleで「有価証券報告書」と検索したらたまたま上位に出てきたという理由だけなので、偏りのないまっさらな分析ができると考えます（参照しているのは、2022年3月期の有価証券報告書です）。

過去の業績推移
　まず冒頭にある、過去5年の業績推移を見てみることにしましょう。ちなみに私は、有価証券報告書は元々の順番通りに読むようにしています。思考回路的にはもっと効率のよい読み方もあると思うのですが、ページをあっちへ行ったりこっちへ行ったりしていると、かえって時間がかかってしまうからです。逆に自分の頭を有価証券報告書の並びに合わせてしまえば、「まだここは空欄だけど、読み進めていけば答えがある」と腰を据えて取り組むことができます。

図07 【主要な経営指標等の推移】

1【主要な経営指標等の推移】

(1) 連結経営指標等

回次		第180期	第181期	第182期	第183期	第184期
決算年月		2018年3月	2019年3月	2020年3月	2021年3月	2022年3月
① 売上収益	(百万円)	2,844,447	2,913,446	3,095,234	2,994,023	3,014,095
② 税引前損益	(百万円)	86,941	77,308	123,969	157,831	144,436
親会社の所有者に帰属する当期損益	(百万円)	45,870	39,675	99,967	149,606	141,277
親会社の所有者に帰属する当期包括利益	(百万円)	51,599	△4,955	69,622	356,343	232,839
親会社の所有者に帰属する持分	(百万円)	880,833	858,939	910,674	1,308,151	1,513,503
総資産額	(百万円)	2,821,351	2,963,222	3,123,254	3,668,564	3,761,733
1株当たり親会社所有者帰属持分	(円)	3,390.80	3,307.30	3,508.16	4,800.67	5,555.04
基本的1株当たり当期損益	(円)	176.54	152.75	385.02	557.18	518.54
希薄化後1株当たり当期損益	(円)	176.54	152.75	385.01	557.18	518.54
③ 親会社所有者帰属持分比率	(%)	31.2	29.0	29.2	35.7	40.2
④ 親会社所有者帰属持分当期利益率	(%)	5.3	4.6	11.3	13.5	10.0
株価収益率	(倍)	16.94	24.52	10.25	11.70	9.93
⑤ 営業活動によるキャッシュ・フロー	(百万円)	129,981	64,235	261,863	274,907	147,517
投資活動によるキャッシュ・フロー	(百万円)	△14,231	△76,675	△84,023	△122,491	△63,377
財務活動によるキャッシュ・フロー	(百万円)	△7,239	△50,503	△91,747	1,394	△189,616
現金及び現金同等物の期末残高	(百万円)	346,025	278,314	359,252	523,345	430,778
⑥ 従業員数	(人)	109,390	110,595	112,638	114,714	117,418

(注) 1　国際財務報告基準(以下「IFRS」という。)に基づいて連結財務諸表を作成しています。
　　 2　第181期よりIFRS第9号「金融商品」、IFRS第15号「顧客との契約から生じる収益」を、第182期よりIFRS第16号「リース」を適用しています。
　　　　なお、累積的影響を適用開始日に認識する方法を採用し、比較情報は修正再表示していません。
　　 3　第181期に取得したケーエムディ・ホールディング社の暫定的な会計処理を第182期に確定させたため、第181期の関連する数値を遡及修正しています。

①②成長性　③安全性　④収益性

⑤合計(フリー・キャッシュフロー)　⑥規模

出所:NEC

「売上収益」の項目を見ます。売上は3兆円前後で推移していることが分かり、「急成長中」という状況ではなさそうです。ただ私が見たいのはどちらかと言うと利益の方です。なぜなら、株主にとって大事なのは売上よりも利益の部分だからです。これが配当や将来の成長のための原資となります。

税引前損益を見ると、2018年3月期の869億円⇒2022年3月期の1,444億円、と大きく増加していることが分かります。これだけ大きく増加しているということは、何かしら大きな変化があったと考えるのが自然です。さらに読み進めて行きましょう。

次に見るのは「親会社所有者帰属持分比率」です。下の注記にもある通り、NECは国際財務報告基準（IFRS）を採用しています。そのせいで大変複雑な表記になってしまっていますが、これがいわゆる「自己資本比率」に該当します。自己資本比率は、財務の安全性を表し、端的に言えば高いほど安全ということになります。目安は業種や保有資産によって異なるのですが、一般的に30％以上あれば安全地帯ということができるでしょう。

【「安全圏」と考える自己資本比率の水準】
　製造業：30％以上
　小売業：10％以上

　NECの自己資本比率はおよそ30〜40％の間で推移しています。安全圏にある上、増加傾向にあるため、とくに心配する必要はなさそうです。一方で、今の時点で安全圏にあったとしても、毎期下がっていっているようなら注意が必要とも言えます。

　次に見るのが「親会社所有者帰属持分当期利益率」です。これがいわゆる「ROE（自己資本利益率）」に該当します。ROEとは自己資本利益率のことで、資本に対する収益性を表します。株式投資においては最も重要とも言える財務指標です。これが8％を超えると日本企業の中では優秀と言われます。

　NECのROEは、2018年3月期の5.3％から、2022年3月期の10％へと上昇しています。安定して高いわけではないので、ことさら優秀とも言いづらい状況ですが、改善が進み足元の状況は良好であることが読み取れます。

　ROEは高いほどよいということにはなるのですが、一般的

にあまりに高い比率がずっと続くことは滅多にありません。企業が大きくなり資本が増えるにつれて、その資本を成長させられるだけの収益機会は少なくなってくるからです。したがって、「若い時」のROEよりも「成長が落ち着いた時」のROEを見ることが長期的な視点では重要になります。

次に見るのがキャッシュ・フローと現金残高です。キャッシュ・フローは「営業活動によるキャッシュ・フロー」（営業CF）「投資活動によるキャッシュ・フロー」（投資CF）「財務活動によるキャッシュ・フロー」（財務CF）があります。私がとくに注意して見るのが「営業CF ＋ 投資CF」の数値です。これは「フリー・キャッシュ・フロー」とも呼ばれ、事業活動の結果会社に残るお金です。これが安定的にプラスであれば、財務的に良好と言うことができます。一方でマイナスだからといって即座に悪いというわけではなく、将来の成長のために投資CFがかさんでいる可能性があります。すなわち、投資CFは会社の「成長への意思」を表しているとも言えます。

NECのフリー・キャッシュ・フローは2019年3月期を除きプラスで推移しており、財務的に良好であることが分かります。それに伴って現金及び現金同等物の期末残高も増加傾向にあります。

　一番下にあるのが従業員数で、これは売上と同様に会社の規模感を表すものです。NECの従業員数は11,000人前後で大きく変化しておらず、規模が大きくなっている段階ではないことが分かります。

事業の内容

　次に見るのが「事業の内容」です。そもそもこの会社は何をやっているのか。それを理解することが定性面での分析の出発点となります。

　有価証券報告書にある通り、NECでは大きく分けて

・「社会公共事業」
・「社会基盤事業」
・「エンタープライズ事業」
・「ネットワークサービス事業」
・「グローバル事業」

の5つにセグメントが分かれています。セグメントの分け方は会社によって様々ですが、顧客別や商品別、地域別などに分かれていることが一般的です。NECの場合は「顧客別」に分かれていると言えます。

図08 【事業内容】

3 【事業の内容】

当社および連結子会社を中心とする関係会社で構成されるNECグループの主たる事業は、社会公共事業、社会基盤事業、エンタープライズ事業、ネットワークサービス事業およびグローバル事業の5つの事業です。各関係会社は、設計、開発、製造および販売、サービスの提供などそれぞれの役割に応じ、各事業の一部を分担しています。

それぞれの事業の主な内容は次のとおりです。

(社会公共事業)

主に公共、医療および地域産業向けに、システム・インテグレーション（システム構築、コンサルティング）、サポート（保守）、アウトソーシング・クラウドサービスおよびシステム機器などの提供を行っています。

(社会基盤事業)

主に官公およびメディア向けに、システム・インテグレーション（システム構築、コンサルティング）、サポート（保守）、アウトソーシング・クラウドサービスおよびシステム機器などの提供を行っています。

(エンタープライズ事業)

主に製造業、流通・サービス業および金融業向けに、システム・インテグレーション（システム構築、コンサルティング）、サポート（保守）、アウトソーシング・クラウドサービスおよびシステム機器などの提供を行っています。

(ネットワークサービス事業)

主に国内の通信市場において、ネットワークインフラ（コアネットワーク、携帯電話基地局、光伝送システム、ルータ・スイッチ）、システム・インテグレーション（システム構築、コンサルティング）およびサービス&マネジメント（OSS・BSS、サービスソリューション）などの提供を行っています。

(グローバル事業)

デジタル・ガバメントおよびデジタル・ファイナンス、サービスプロバイダ向けソフトウェア・サービス（OSS・BSS）ならびにネットワークインフラ（海洋システム、ワイヤレスバックホール）などの提供を行っています。

(注) OSS：Operation Support System、BSS：Business Support System

なお、上記のほかに、ビジネスコンサルティングおよびシステム機器の開発・製造・販売などの事業を「その他」として表示しています。

—— 各セグメントと事業内容

出所 :NEC

100

　NECと言えば、パソコンなどの製品をつくっている印象を強く持つ人が少なくないかもしれません。しかしここに書かれていることから見るならば、**主な事業内容は「システム・インテグレーション（システム構築・コンサルティング）」**ということになります。メーカーとしての事業については、ほとんど記載がありません。

　どういうことかと思ってここでWikipediaを参照してみると、以下のような記載があります。

　2000年（平成12年）以降、事業の選択と集中が進み、半導体、パーソナルコンピュータの機器など、携帯電話、照明は分社化している。（Wikipedia「日本電気」）

　ここにある通り、**NECはいつの間にかメーカーとしての色をどんどん薄めていき、今はシステム・インテグレーションを中心とするサービス業に変化していた**のです。これだけでも大きな発見です。なお、ここではWikipediaを参照しましたが、有価証券報告書の「沿革」に同様の内容が書かれていることもあります。

また、「事業の内容」を見ることで、3C分析における「顧客」の手がかりも掴めそうです。「社会公共事業」では「公共・医療および地域産業」、「社会基盤事業」では「官公およびメディア」、「エンタープライズ事業」では「製造業、流通・サービス業、金融業、ネットワークサービス事業」では「通信市場」を相手にしていることが記載されています。「グローバル事業」はそれらを海外展開した内容に見えるので、分け方としてここだけ「地域別」になっていますね。

　ここまで見てきたことで、NECがメーカーからシステム・インテグレーターへ変貌を遂げ、国内外の公共・民間の顧客にサービスを提供していることが分かりました。

経営方針

　それではこれから将来は一体どこへ向かおうとしているのでしょうか。そのヒントが「経営方針、経営環境及び対処すべき課題等」に記載されています。以下、「戦略」の項目を抜粋します。

図09 【戦略】

② 戦略

①　NECグループの強みである技術力を顧客価値に転換し、「日本を含むグローバルでの事業フォーカス」、「国内IT事業のトランスフォーメーション」および「次の柱となる成長事業の創造」により成長を実現します。

②　「日本を含むグローバルでの事業フォーカス」では、デジタル・ガバメントおよびデジタル・ファイナンス事業ならびにグローバル5G事業を注力領域と定め、事業成長を目指します。デジタル・ガバメントおよびデジタル・ファイナンス事業についてはNECソフトウェア・ソリューションズ・ユーケー社、ケーエムディ社およびアバロク・グループ社の事業基盤の強化を着実に進めるとともに、当社および子会社間におけるグローバルなシナジーの発揮により、成長と収益性向上を実現します。グローバル5G事業においては、国内外において基地局に関する商用商談の開拓を進めるとともに、提供対象国と事業領域を拡大することで事業成長を目指します。

「国内IT事業のトランスフォーメーション」では、業種横断の共通商材の開発やクラウド事業者との連携加速により、DX事業の共通基盤であるNECデジタルプラットフォームをさらに強化します。また、経営課題解決や社会価値共創を先進的な顧客とともに実現する戦略パートナーシッププログラムの推進や、政府が掲げるデジタル田園都市国家構想の実現に向けて取り組むことを通じて、新たな事業機会を創出します。

「次の柱となる成長事業の創造」では、学術・研究機関を含む社外との連携をさらに加速し、AI（人工知能）や医療・ヘルスケア領域での事業開発活動を進めます。

ベース事業においては、利益率が低い事業について改善計画を策定し、計画が未達成となった場合には事業撤退を含めた経営判断を行うなどして、各事業における堅調な成長と競合他社を上回る利益率の実現を目指します。

③　これらの成長戦略の実行の裏付けとなる財務力については、持続的なEBITDAの成長に加え、保有資産の最適化を進めることでキャッシュ・フローを創出します。それらを原資に事業成長を重視したキャピタル・アロケーションを実行するとともに、強固な財務基盤の構築を図り、今後の成長投資を支えます。

また、NECグループと社会のサステナブルな成長を支える非財務基盤の強化に向け、ESG視点の経営優先テーマである「マテリアリティ」を、気候変動、セキュリティ、AIと人権、多様な人材、コーポレート・ガバナンス、サプライチェーンサステナビリティおよびコンプライアンスの7つに特定しています。継続的な成長に向け、マテリアリティの実践を進めることで、ESGインデックスへの継続組み入れを目指します。

①　全体戦略　　②　個別戦略　　③　財務資本戦略

出所：NEC

冒頭に「NECグループの強みである技術を顧客価値に転換」と出てきました。NECは自社の強みを「技術力」と認識しているようです。

　続いて「日本を含むグローバルでの事業フォーカス」「国内IT事業のトランスフォーメーション」「次の柱となる成長事業の創造」と3つの題目が掲げられ、その詳細が下に記載されています。

　要約して読み取るならば、余計な事業には手を出さず、国内外の政府や自治体、企業のDXに注力することが戦略であると読み取れます。要するに、これまでやってきたシステム・インテグレーターとしての立ち位置をそのまま強化していくものと思われます。これまでの経緯からすると違和感のない戦略ですね。

　ここまで読んできたことで、NECはこれからますますシステム・インテグレーターの会社になろうとしていることがよく分かりました。「自社」の分析は一旦ここで大枠ができ上がります。後はその詳細を埋めていくことになります。

事業等のリスク

　次に出てくるのが「事業等のリスク」です。外部要件が業績等にどのような影響を及ぼすのかが項目ごとに記載されています。ここには

・経済状況
・その企業独特の財務状況
・重要な取引先の情報

　などが記載され、とても情報に満ちた場所になっています。「経営方針」では企業が前向きな目標を示しているのに対し、それを客観的に見つめ直すのによい内容です。

　NECが挙げているリスクとして、以下の項目が挙げられています。分析する際には、本当に影響が大きそうなものをチェックしておくことになります。

NECのリスク項目

(1) 経済環境や金融市場の動向に関するリスク

①経済動向による影響

②為替相場および金利の変動

③市況変動

④新型コロナウイルス感染症の流行による悪影響

(2) NECグループの経営方針に関するリスク

①中期経営計画

②財務および収益の変動

③企業買収・事業撤退等

④戦略的パートナーとの提携関係

⑤海外事業の拡大

(3) NECグループの事業活動に関するリスク

①技術革新および顧客ニーズへの対応

②競争の激化

③特定の主要顧客への依存

④新規事業の展開

⑤製品およびサービスの欠陥

⑥部品等の調達

⑦知的財産等

⑧第三者からのライセンス

⑨顧客に対する信用リスク

⑩人材の確保

⑪資金調達

(4) 内部統制・法的手続・法的規制等に関するリスク

①内部統制

②法的手続

③法的規制等

④環境規制等

⑤税務

⑥情報管理

⑦人権の尊重

(5) その他のリスク

①自然災害や火災等の発生

②のれんの減損

③確定給付制度債務

　私がとくに注目するとしたら、まず (1) ①経済動向による影響です。ここには「NECグループの売上収益のうち国内顧客に対する売上収益の構成比は、当連結会計年度において連結売

上収益の75.0%を締めています。」と書かれています。ここで
NECが国内顧客中心の企業であることが分かりました。これは
会社の全体感を把握する上で重要な情報です。

　(2)③、企業買収・事業撤退等では「2018年1月に英国の
ノースゲート・パブリック・サービシス社（現NECソフト
ウェア・ソリューションズ・ユーケー社）、2019年2月にデ
ンマークのケーエムディ・ホールディングス社、また2020年
12月にスイスのアバロク・グループ社をそれぞれ買収しまし
た。」とあります。まだ少ない海外売上を伸ばそうと、近年積極
的な買収を続けていることが分かります。これに紐づくものと
して、(5)②に、「のれん」の金額が2022年3月31日時点で
3,360億円計上されていることが記載されています。

「のれん」とは、企業を買収する際に被買収企業の簿価を上
回って支払ったぶんであり、その買収が支払った金額に見合
わなかったと判断される場合「減損処理」を行わなければなら
ず、財務上の注意点として押さえておかなければなりません。
「のれん」が自己資本の額を上回るようだと、ある時突然債務超
過に陥ってしまう可能性があります。NECの純資産は3.7兆円
あるため、仮に買収が失敗だったと判断されて3,360億円が全
て損失になってしまったとしても、財務状況への直接的な影響

は軽微にとどまりそうです。

　次の (2) ④では、戦略的パートナーとの提携関係として「楽天モバイル」や「米国マイクロソフト社」「NTTグループ」など具体的な企業名が挙がります。これらの企業の動向もNECの業績に関連しておくということを、頭に置いておく必要がありそうです。あわせて (3) の③では、特定の主要顧客への依存として「NECグループの事業ポートフォリオの大半は、政府・政府系機関向けの事業およびNTTグループをはじめとする大規模ネットワークインフラ企業向けの事業が占めます。」とあり、再びNTTグループが挙がると同時に「政府・政府系機関」も重要な顧客であることが分かりました。

　リスクを見る上で大事なのは、この中から本当に大きな影響を与えそうなのは何か？　を考えて、自分の頭の中で整理しておくことです。これをしておけば、思わぬ落とし穴にはまることを回避できます。

セグメント情報

　事業を把握する上で端的にまとめられているのは、「経理の状況」における**「セグメント情報」**です。これは財務三表を越えて後ろの方にありますので、時間がない時はPDFの検索機能で「セグメント」という言葉から飛ぶこともあります。

　セグメント別の売上や利益を見ると、どの部門に多くの売上があり、どの部門から利益を出しているのかが分かります。NECの場合は、売上はすべてのセグメントがほぼ横並びなのに対し、利益は「社会基盤」「エンタープライズ」から多く上がっていることが分かります。「事業の内容」に書いてあったことを見返すと、

・医療
・地域産業
・官公庁

　のところで稼いでいることが明らかになります。

　さらにすぐ下には、地域別の売上高もあります。国内での売上が75%を占めることがリスクのページで分かりましたが、で

図10 【連結会計】

当連結会計年度（自 2021年4月1日 至 2022年3月31日）

(単位：百万円)

	報告セグメント						その他 (注1)	調整額 (注2)	連結 財務諸表 計上額
	社会公共	社会基盤	エンタープライズ	ネットワークサービス	グローバル	計			
売上収益									
外部収益	400,177	650,873	574,680	511,547	485,578	2,622,855	391,240	－	3,014,095
セグメント間収益	12,675	3,364	34,221	10,200	319	60,779	5,814	△66,593	－
合計	412,852	654,237	608,901	521,747	485,897	2,683,634	397,054	△66,593	3,014,095
セグメント損益	29,748	65,406	57,475	35,479	26,290	214,398	13,264	△56,663	170,999
買収により認識した 無形資産の償却費									△37,838
M&A関連費用									△636
営業利益									132,525
金融収益									17,894
金融費用									△11,367
持分法による投資利益									5,384
税引前利益									144,436

(その他の項目)

	社会公共	社会基盤	エンタープライズ	ネットワークサービス	グローバル	計	その他 (注1)	調整額 (注2)	連結 財務諸表 計上額
減価償却費及び償却費	3,904	36,381	31,169	10,202	47,716	129,372	31,611	19,556	180,539
減損損失	149	－	34	－	491	674	244	67	985
減損損失の戻入れ	－	－	－	－	－	－	△12	－	△12
資本的支出	6,723	34,924	30,383	12,400	21,198	105,628	32,617	25,157	163,402

どのセグメントが稼ぎ頭か？

(注) 1 「その他」の区分は、前連結会計年度および当連結会計年度において、ビジネスコンサルティングおよびシステム機器の開発・製造・販売などの事業を含んでいます。

2 セグメント損益の調整額には、各報告セグメントに配分していない全社費用がそれぞれ前連結会計年度で△26,400百万円、当連結会計年度で△52,824百万円含まれています。全社費用は、主に親会社の本社部門一般管理費および基礎的試験研究費です。なお、前連結会計年度のセグメント損益の調整額には、前連結会計年度において売却した、相模原事業場の土地にかかる利益が含まれています。

出所：NEC

は残りの海外はどこかということが、ここで抑えられます。今のところ「中国・東アジアおよびアジアパシフィック」が多いものの、その差は僅かで、これからの動きに注目が集まります。

図11　【地域別情報】

(4) 地域別情報
①外部収益

(単位：百万円)

	前連結会計年度 （自　2020年4月 1日 　至　2021年3月31日）	当連結会計年度 （自　2021年4月 1日 　至　2022年3月31日）
日本	2,290,784	2,259,551
北米および中南米	132,455	121,332
ヨーロッパ、中東およびアフリカ	228,396	294,610
中国・東アジアおよびアジアパシフィック	342,388	338,602
合計	2,994,023	3,014,095

出所:NEC

日本で大部分を占めている

　以上をメモとしてまとめたのが、以下のものです。ここまでで、メモの左側のおよそ6割は埋まりました。あとは、有価証券報告書以外の手段も使って足りないところを埋めていく作業に入ります。

競合や業界を知る：
業界地図

有価証券報告書で惜しいのは、3C分析における「競合」の部分が埋まらないことです。NECの有価証券報告書を見ても競合に関する記述は全くと言って記載がありませんでした。これを知るには有価証券報告書以外の資料に当たる必要があります。

インターネットで調べてもよいのですが、十分な情報がなかったり、信憑性が疑わしかったりします。そういった問題を回避するために、私は毎年発行される「業界地図」を手元に置いておくようにしています。これを見れば、調べたい企業の競合がどこになるのか、その規模や業界の特徴まで含めて一目瞭然だからです。

NECが載っているページを探すと、「ITサービス」に分類されていることが分かります。同じ分類の中には富士通やNTTデータ、日立製作所などが載っており、この辺りが競合になることが推察できます。

図12 【業界地図をもとに整理する】

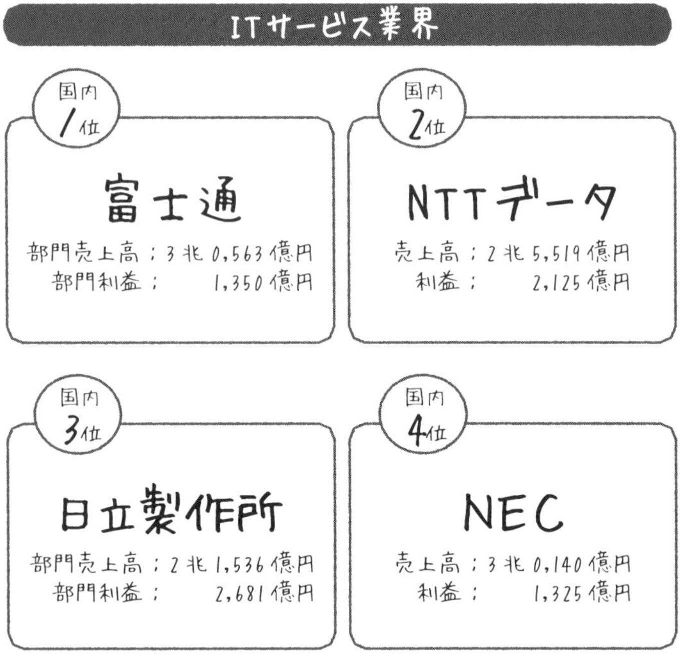

ITサービス業界

国内
1位

富士通

部門売上高；3兆 0,563 億円
部門利益；　　1,350 億円

国内
2位

NTTデータ

売上高；2兆 5,519 億円
利益；　　2,125 億円

国内
3位

日立製作所

部門売上高；2兆 1,536 億円
部門利益；　　2,681 億円

国内
4位

NEC

売上高；3兆 0,140 億円
利益；　　1,325 億円

　富士通は規模・利益率ともに似通っていて比べがいがありそうな一方、日立やNTTデータは同規模の売上高に対して利益がNECを大きく上回っており、その要因を探ることでNECの強みや弱みも浮かび上がってきそうです。そういえば、NECの重要な顧客として「NTT」がいましたね。NTTデータはその子会社になります。

　投資家的な観点で見ると、同じシステム・インテグレーターなら、まだ事業転換期で利益率の低いNECよりも、昔からその分野に特化し利益率の高いNTTデータのほうがよいのではないかという仮説も立てられ、比較もできます。

　ここを詳しく見ようと思ったら、今度は競合の有価証券報告書を見ることになります。このような動きを繰り返せば、芋づる式に企業を見ることになり、いつの間にかその業界のことに詳しくなっているものです。バフェットも、まずアニュアルレポート（有価証券報告書に該当）を読み、次にその競合のアニュアルレポートを読むことで、情報を仕入れていると言います。

一目で確認したい時：
銘柄スカウター（マネックス証券）

「有価証券報告書を読めば分かる」と言われても、文字ばかりの資料なのでなかなかとっつきにくい人もいるかと思います。また、ページ数が多いため全体像を把握するためにはある程度まとまった時間を取らなければなりません。「視覚的に一目で確認できたらよいのに」と思うことが私にもあります。

　そんな時に役に立つのが、マネックス証券の「銘柄スカウター」というサービスです。これはマネックス証券に口座を開けば誰でも無料で使えるものです。業績情報に関しては、過去10年以上のデータをグラフで確認できます。これだけでも、数字を追っていく必要がないぶんかなり楽になります。

　無料だからといって侮ってはいけません。銘柄スカウターの情報源の多くは有価証券報告書と思われますし、そこからさらに具体的な商品名など有価証券報告書ではまとめきれない情報も記載されています。さらには証券会社のサービスらしく、

株価やアナリストによる評価などの情報も豊富にあります。最近では有価証券報告書などのソースそのものへのリンクもついたようで、日々進化が止まりません。お金も一切かからないので、はっきり言ってこれを使わない理由はありません。

　基本的な読み方としては有価証券報告書と同じです。「どうしても文字だらけの有価証券報告書には抵抗がある」という方は、こちらから始めてみることをおすすめします。

図13 【銘柄スカウター】

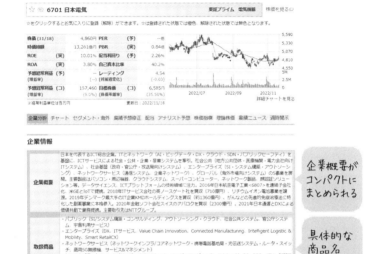

企業分析　チャート　セグメント・海外　業績予想修正　配当　アナリスト予想　株価指標　理論株価　業績ニュース　週間開示

企業情報

企業概要	日本を代表するICT総合企業。ITとネットワーク（AI・ビッグデータ・DX・クラウド・SDN・パブリックセーフティ）を基盤に、ICTサービスによる社会・公共・企業・産業システムを事切れ、社会公共（地方公共団体・医療福祉・電力会社向けITシステム）、社会基盤（政府・官公庁・放送局向けシステム）、エンタープライズ（SI・システム構築・アウトソーシング）、ネットワークサービス（通信システム・企業ネットワーク）、グローバル（海外市場向けシステム）の5事業を展開。主要製品はパソコン・周辺機器、クラウドシステム、スーパーコンピュータ、ネットワーク製品、顔認証ソリューション等。データサイエンス、ICTプラットフォームの技術領域に注力。2016年日本航空電子工業<6807>を連結子会社化。米GEとIoTで提携。2018年ITサービス会社の英ノースゲート社を買収（710億円）、リチウムイオン電池事業を譲渡。2019年デンマーク最大手のITコンサルKMDホールディングスを買収（約1360億円）、がんなどの先進的免疫治療法に特化した創薬事業に本格参入。2020年金融ソフト会社スイスのアバロクを買収（2300億円）。2021年日本通信とDXによる価値共創で業務提携。主要取引先はNTTグループ。
取扱商品	・パブリック（SIシステム構築・コンサルティング・アウトソーシング・クラウド・社会公共システム・官公庁システム、宇宙利用サービス） ・エンタープライズ（DX、ITサービス、Value Chain Innovation、Connected Manufacturing、Intelligent Logistic & Mobility、Smart RetailCX） ・ネットワークサービス（ネットワークインフラ／コアネットワーク、携帯電話基地局、光伝送システム、ルータ・スイッチ、商用5G無線機、サービス&マネジメント） ・システムプラットフォーム（サーバ、メインフレーム、スーパーコンピュータ、ストレージ、PC、POS、ATM、制御機器、ソフトウェア、企業ネットワーク／IPテレフォニー） ・グローバル（デジタル・ガバメント、ネットワークインフラ／海洋システム・モバイルバックホール、システムデバイス）
従業員数	117,418人（2022/03現在）
企業URL	https://jpn.nec.com/

通期業績推移

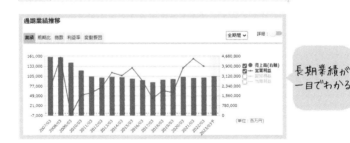

出所：マネックス証券

「今」何が起きているかを
知る：株探

有価証券報告書の最大の弱点は、公表されるまでに時間がかかることです。3月期決算の企業だと、6月末の株主総会が終わるまで有価証券報告書は公表されません。ここに少なくとも3カ月のラグが生じてしまうのです。

株式市場では、日々様々な情報が動いています。その3カ月の間にも新たな情報が更新され、株価は変動し続けています。株価が大きく動いた時に、一体何があったのか確認するには、有価証券報告書や企業の開示を待っていたのでは間に合いません。

そんな時に活躍するのが、株探（https://kabutan.jp/）やTwitterです。

株探では、それぞれの企業に関する株式関連ニュースが即座に更新されます。例えばその日に株価が大きく動いたとして、夕方には何らかの情報が入っていることが珍しくありません。

内容としてはテクニカル分析的なことも少なくありませんが、逆に言えばその時はファンダメンタルズ、すなわち企業の実態には大きな変化は生じていないということです。

　株探で出てくるのは、どちらかといえば「定型的なニュース」ですが、まだ不確定な情報や誰かの意見を調べたいと思ったら、私はTwitterを使います。まだ明らかになっていない情報に対し、感度の高い人が有益な発信を行っていたりします。

　ただし、Twitterの情報は玉石混交です。その真偽を見極められる人でなければ、かえって惑わされてしまう可能性の方が高いかもしれません。その意味で、初心者ほどここに頼るべきではないと考えます。使うとしたら、公式情報をもとに自らの意見をはっきりと言えるようになってからです。

図14　【株探】

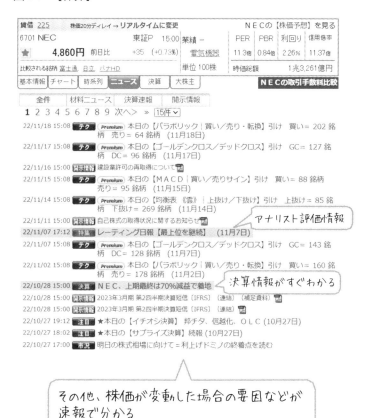

出所：株探

より深く知る：決算説明会動画／転職サイト

ここまでに紹介してきた情報源で、少なくとも表面的なものに関しては大半の内容を取得することができます。ただし、それだけでは欲しい情報が手に入らないこともあります。とくに、経営者や従業員の「生の声」です。

私は、**企業の本質は結局のところ「人」にある**と考えます。それは私自身が企業を経営しているから感じることなのですが、よい企業をつくりあげるためには経営者がしっかりとしたビジョンを持ち、それを従業員に伝え、戦略をもってたゆまぬ努力を続けていく必要があります。それらを着実にやっているかどうかを判断するには、経営者やそこで働く従業員からの情報が最も真実を表していると考えます。

昔は経営者の話を直接聞こうと思っても、専門家でなければなかなか機会がありませんでした。とくに決算説明会などは、機関投資家のみに向けて開催され、個人投資家に解放されることはほとんどありませんでした。個人投資家向けの説明会もIR

に積極的なところは行なっていましたが、自らセミナー会場に赴く必要があり、忙しい人にとってはなかなかできることではありませんでした。

しかし、コロナ禍でその状況は一変しました。多くの企業では、これまで機関投資家向けに行っていた決算説明会の動画をWeb上で公開するようになりました。ありがたいことに、Webで公開された動画なら、スピードを上げて2倍速などで見ることができます。より深い情報にあたれるというだけでなく、時間も節約できるのです。機関投資家と個人投資家の情報格差はかつてないほどに縮まっているといえます。

なお、NECも説明会動画を公開しています。

もうひとつ、「人」を扱う上で重要なのが、従業員の声です。経営者がいくら綺麗事を唱えていても、実態は全く違うということも珍しくありません。普段からそこで働く従業員こそ、その企業のよいところも悪いところも一番よく知っているのです。

それがもっとも露呈する場所が、「転職サイト」だと考えています。最近の転職サイトでは、転職希望者に現在や過去に所属

図15 【事業説明会（動画）】

出所：NEC

した職場のレビューを書いてもらうことで、他の企業の評判を
見ることができる仕組みになっています。

このレビューの信憑性はかなり高いと考えています。なぜな
ら、転職しようとしている人ですから、今の仕事や将来に対し
て自分事として真剣に考えているからです。よいことも悪いこ
とも、客観的に分析されている印象を受けますし、すでに退職
した企業に対しても少し離れた立場から「冷静な愛着」を感じ
ることができます。

図16 【転職サイト】

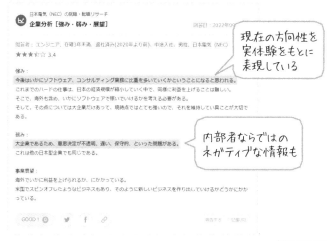

出所:Openwork

　ただし、最初から転職サイトを見てもその企業を評価するのは難しいといえます。なぜなら、レビューという情報は非常に断片的であり、独特の用語も多いことからその企業の全体像を捉えられていなければ、何のことを言ってるのか、さっぱり分からないからです。

　逆に、十分に企業を分析した後に見ると、それまで表面的だった情報が、リアルの人の声によって立体化して目の前に現れる印象を持ちます。こういった使い方をすれば、その企業をより深く知ることができるはずです。

最もリアリティがある：
生の声や直接の情報

こ　こまでいくつかのツールを挙げてきましたが、それら以上に大切にするべきものがあります。それが「生の声や直接の情報」です。

有価証券報告書をはじめ、世の中にあふれる多くの情報は誰かの手が加わった「二次情報」です。そこには何らかの意図や雑音が混じっていると考えるべきです。そのような混じりけのない情報を得ようとするなら、あなた自身が「企業」「顧客」「競合」からダイレクトに情報を得るのが一番です。

最も直接的なのは、あなた自身が顧客になることでしょう。企業はあなたから売上を得るために働きかけてきますし、それによってあなたが感じたことは他の多くの顧客も感じることである可能性が高いのです。

もちろん、あなたがその企業の社員であるならば、自社のことは手に取るように分かるはずですし、競合相手のことも自分

のことのようによく分かっているはずです。もちろん、この条件によって分析できる企業は限られますから、もしあなたの周囲にそれに当てはまる人がいるなら、インタビューしてみるのも有効です。就活生が行う「OB訪問」がまさにこれですね。

　OB訪問ほどしっかりとしたインタビューでなくても、普段の何気ない会話の中で得られる情報も少なくありません。私は男ですから、顧客として女性向けの商品を扱っている企業のことを直接的に知るのは限界があります。しかし、普段の妻との会話の中で女性顧客としての観点を教えられることも少なくないのです。そこから投資先企業を発掘したことも数知れません。

　もちろん、このような直接的な情報は常に断片的になってしまいます。一方でそのインパクトは計り知れないものがあります。すなわち、有価証券報告書等のツールによってまず網羅的にその企業のことを把握し、直接の情報によってそれを肌で感じることで、初めて企業が立体的に自分の中に現れてくるのです。

　自分が分析した企業を直接的に感じることができた時、私の頭には電撃が走るような感じがして、これほどの快感はなかなかありません。あまり分かってもらえないかもしれませんが、ここまで来るようになればあなたも「企業分析マニア」ということができるでしょう。

図17 【NECの分析まとめ】

自社

- どんな事業？
  →システム・インテグレーターとして顧客のDXに注力

- 業績は？
  →売上は伸びていないが利益は伸びている

- 財務は？
  →自己資本比率30〜40%で健全

- 経営計画
  →よりシステム・インテグレータとしての色を強めていく

顧客

- 顧客は誰か？
  →楽天モバイル・マイクロソフト・NTTなど

- なぜその企業の商品・サービスを買うか？
  →DXのためのシステム構築がしたい

- 市場は拡大しているか？
  →拡大している

真実はいつも、ひとつ

ここまで様々な「情報源」の話をしてきました。ちょっと膨らみすぎてしまったので、結局どこから取り掛かっていいか分からなくなってしまっているかもしれません。

そんなあなたにお届けしたいのが、名探偵コナンが言う「真実はいつも、ひとつ」という言葉です。

改めて私たちが何を分析しているかを考えてみてください。それは「企業」という実体のあるものを分析しています。これまで紹介してきたような情報源は、この実体を様々な角度から切り取って見たものに過ぎません。したがって、情報ばかりが増えていって迷子になりそうになった時は、一度情報から離れ、その企業の「本質」は何かという所に立ち返るべきです。

NECの例で言うならば、その本質は「システム・インテグレーションの会社になること」でした。もし、多様な顧客に対して様々な取り組みをしているとしても、最終的には会社の目的に向けて進むための行動であるはずなのです。もしそうでな

いと感じるなら、あなたが間違っているか、企業が一貫性を欠いている可能性もあります。この一貫性に関しては、都度立ち止まって見直してみるべきなのです。

　そんな時に見返すべきなのが、やはり有価証券報告書です。有価証券報告書は、いわば企業分析の「背骨」です。私たちが様々な情報源を用いてやっていることは、この背骨に肉付けをすることです。情報が多すぎて迷ってしまっているとしたら、少し贅肉をつけすぎているのかもしれません。

　有価証券報告書と周辺情報を何度も往復することによって、あなたの企業に対する理解はどんどん筋肉質なものになっていくでしょう。

　もっとも、ここで行った分析は、実はまだ出発点に過ぎません。これまで何度も言ってるように、企業分析で最も大切なことは「未来を見通すこと」です。これまでの話は全て過去の話に過ぎないので、これが分かっただけではすぐには未来につながりません。

　これまでの分析は、誰がやってもおおよそ同じものになります。いわばサイエンス（科学）です。一方で、これからやろうと

していることは、分析者一人ひとりが違う答えを描けるアート（芸術）です。つまり、企業分析で本当に楽しいのはまだまだこれからなのです。

　未来を想像するためにはどうしたらよいでしょうか。その答えを出す前に、次の章ではこの章で書ききれなかった「財務分析」の部分をもう少しお伝えしたいと思います。ここまでできれば、あなたもアナリストなど、「企業分析のプロ」と同じ目線に立つことができるはずです。

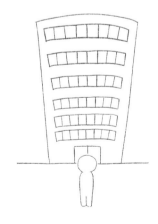

第 **4** 章

簡単！
財務諸表分析

財務分析は「だるま落とし」

第3章では有価証券報告書をもとに企業分析を行う手順を
示しましたが、その中で避けては通れないのが「財務諸
表分析」です。数字を扱うものなので、苦手意識を持っている
人も少なくないのではないでしょうか。

　しかし、一つひとつの要素を見ると、決して難しいものでは
ありません。なぜなら、財務諸表や財務指標は、四則演算（加
算、減算、乗算、除算）以外の計算は使わないからです。難しい
方程式を使う必要もありません。

　それでは、なぜ難しいと感じてしまうのでしょうか？　ひと
つの理由として考えられるのは、そもそもその構造を理解して
いないからだと思います。

　これから財務諸表分析を勉強してみたいと言う人にまず聞か
れることが「どの指標を重視したらよいですか？」という質問
です。確かに指標は大事なのですが、全体の構造を理解してい
ないと、その指標が何を意味するのかが分かりません。

　指標だけを出そうとすると、たくさん並ぶ数字の中から必要な数字を「探し出し」、パズルのように計算することになります。しかし、そうやって出てきた数字は、時に異常値だったり、年によって大きなばらつきがあったりするため、ますます迷宮入りということになってしまいます。このやり方では、いつまで経っても分析力が身につくことはありません。

　また、指標として出てくる数字にブレがあると言いましたが、そもそも財務諸表というのは、たまたまその1年、あるいは決算期末の数字を切り取って示しただけなので、少数点以下の緻密な数字を求める意味はありません。アバウトでよいのです。

　財務諸表分析というと、エクセルにガチャガチャと数字を入れて、複雑な表計算をすることを思い浮かべる人も少なくないかもしれませんが、現に私は分析においてエクセルを使うことすらほとんどありません。それをするのは、どうしてもグラフにして視覚的に確認したい時や、他人に説明する時だけです。

　それ以外の時は、第3章でも使った「メモ」に、おおよその数字を、暗算や電卓で計算して入れています。
　もっと言えば、計算に際して使うのは、ほとんどの場合上2

桁までです。例えば、売上高が5,863億円だったら、「5,800億円」と考えるようにしています。確かに「63億円」は無視できない金額ではありますが、パーセンテージで表される指標に与える影響は1%未満ということになります。むしろ私にとって、この数字を覚えたり、エクセルに書き写したりする方が、脳の容量の無駄遣いなのです。

　営業利益率を出したい時に、売上高が5,863億円、営業利益が183億円だとしましょう。「5,863億円÷183億円」をすぐに暗算できる人はそう多くないと思いますが、上2桁だけを使って「5,800億円÷180億円」さらに簡略化して「6,000億円÷200億円」で営業利益率は約3分の1、30%くらいだなということがすぐに計算できます（実際にもとの数字を計算すると、31.2%になります）。

　厳密で正確な計算が求められる学校の試験を受けてきた皆さんなら「そんないい加減な」と思われるかもしれませんが、分析において重要なのは厳密な数字よりも「構造」と「比較」です。

　営業利益率が30%だということが分かれば、売上のうちどのくらいが手元に残るお金かイメージすることができますし、少

なくともそれが20%の同業他社より優秀ということや、過去と比較してよくなっているか、悪くなっているかということも分かりますね。

「構造」というとこれもまた難しく感じてしまいますが、簡単に言えば「全体に占める割合」です。だるま落としを考えてみてください。損益計算書を例に挙げるなら、全部積み上げた状態が売上だとして、そこから槌でたたいて落としていくのが「費用」、残った部分が「利益」です。このうち、一つひとつの積み木には大小の違いがあり、この大きさを測ることが「分析」となります。

「積み木」の大小を見ることにより「このビジネスは原価が大きい」や「人件費がたくさんかかるビジネスだ」などが浮き彫りになります。コストが大きくかかっている部分はビジネスの命運を握るものであり、まさに企業が持つ「性格」を端的に捉えることができます。これは貸借対照表やキャッシュ・フロー計算書でも同じです。

図17.5 【財務分析はだるま落とし】

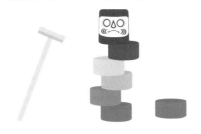

　というわけで、財務分析は基本的に「割合」を見るものだと考えてください。この前提があれば、ここからの話の理解は早いはずです。

損益計算書

　まず、多くの方にとって最も馴染み深いのは、損益計算書でしょう。PL (Profit and Loss Statement) とも呼ばれます。毎期の企業の売上や利益 (損失) が記録されるものです。まず売上があり、そこから費用を引いていくことで最終的に残るものが利益となります。

売上高総利益率

　売上がだるまをすべて組み上げた状態と考えます。大きく分けると、そこからまず「売上原価」を落とします。残ったものが「売上総利益 (粗利益)」です。

　売上原価とは、例えばモノを売った際に、その商品に直接的にかかっているコストのことを言います。「この飲食店の原価はいくらだ」という類のものです。メーカーだったら、商品をつくるのにかかる原料、機械の減価償却費、工場で働く方の人件費、さらに輸送費などが含まれます。一方、自ら製造を行っていない小売業なら、比較的シンプルに「仕入価格」が計上されることになります。

ここで出てくる概念が「売上高総利益率（粗利益率）」です。計算式は「売上総利益÷売上高×100（％）」となり、売上高から原価を除いた、商品やサービスを顧客に提供した際に直接的に得られる利益ですね。売上高粗利益率が30％なら、「100円のジュースを売ったら30円の利益が出る」というもので、感覚的にも分かりやすいかと思います。また、売上高利益率の反対、原価の割合を示すのが「売上高原価率（売上原価÷売上高×100(％)）」です。

売上高営業利益率

　サービス業は、「モノ」を扱う業種に比べて原価があまりかかりません。製造業や小売業ですと、売上高総利益率原価が30％前後というのが相場ですが、サービス業では50％以上ということがほとんどです。それならサービス業が有利かと思うかもしれませんが、サービス業では別の費用がかかることになります。それが「販売費および一般管理費（販管費）」です。

　販管費に含まれる一般的な項目が、広告宣伝費や営業人員の人件費などです。これらは商品やサービスの販売にどれだけ貢献したか直接的に反映させることは困難ですが、事業を継続させるためには必要なものです。いわゆる「間接費」とも呼ばれ

ます。

　サービス業では、形に残る商品がありませんから、商品の内容を人々に知らしめるべく、広告を売ったり営業をかけたりしなければなりません。もちろんそれは製造業や小売業でも同じなのですが、この割合の違いがその企業にとっての「重要度」の違いです。

　例えば、自動車メーカーなら、広告宣伝も大切ですが、それ以上に顧客の運転体験の向上や安全を守ることが大切です。トヨタの売上高原価率は75％を超えます。一方、同じメーカーでも、化粧品メーカーである資生堂の売上高原価率は25％程度ですが、売上高販管費率は約70％にもなります。これは、化粧品メーカーにとっていかにイメージ戦略、すなわち広告やブランディングが重要であるかをうかがい知ることができます。

　売上から原価と販管費を差し引いたものが「営業利益」です。だるまで例えるなら、残った頭の部分です。これは要するに「事業そのものから生まれた利益」ということになります。
　そして、営業利益を売上高で割った数字（営業利益÷売上高×100（％））が売上高営業利益率（営業利益率）となります。
　他社と事業の優劣を比較する際には、この数字を使って考え

ることが一般的です。最終的な利益はこの後に続く「純利益」となるのですが、そこには事業とは直接的には関係のない損益、例えば金利の支払いや株式からの配当、さらにその期だけの特殊要因として発生した利益や損失も反映されるからです。

　規模を比較する際には営業利益の金額そのものを比較しますし、事業の効率性を見る際は営業利益率を使います。同じようなビジネスを行っていて、営業利益率が高ければ、より有利にビジネスを行っている可能性があります。

　ただし、異なる業種間では、必ずしもその比較には意味がないこともあります。

　例えば、月額でサブスクリプションビジネスを提供するIT企業と100円ショップを比較した場合、あまりコストのかからないIT企業の営業利益率は「50％」という高い数字が出ることが珍しくありません。一方で100円ショップは薄利多売ですから、「5％」くらいになるでしょう。単純に営業利益率だけ見ればIT企業の方が断然優秀に見えます。

　しかし、サブスクリプションビジネスはあまり料金が高すぎると顧客が敬遠してしまいます。一方で100円ショップは、全

国にチェーン展開することにより、多くの売上を立てることが可能です。前者の売上高が100億円、後者の売上高が2,000億円だとすると、営業利益はそれぞれ50億円と100億円となります。

　企業の目的を「多くの利益を創出すること」だと考えるなら、100円ショップの方が優秀ということができます。営業利益率はそれまでの過程に過ぎません。だるま落としに例えるなら、重要なのは最後に残る「頭」の体積であり、ひょろ長い頭（営業利益率は高いが売上が小さい）か図太くて平べったいか（営業利益率は低いが売上は大きい）の違いです。

図18　【構造が見えると分析が速くなる】

構造を知る

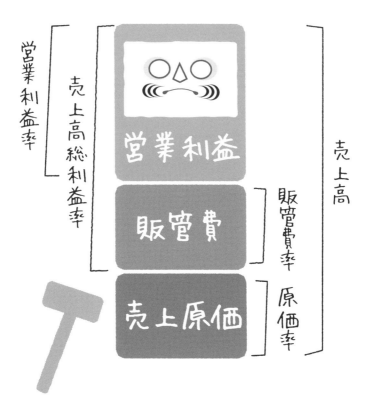

貸借対照表

損益計算書の次（ただし、有価証券報告書では貸借対照表が先にあります）に考えるのが、貸借対照表です。英語ではBalance Sheet、略してBSとも呼ばれます。

損益計算書がだるま落としを落としていくイメージだったのに対し、貸借対照表は逆に積み上げていくイメージです。それも、ペアになった2体のだるま（借方と貸方）が常に同じ高さになるようにしなければなりません。英語で「バランス」と呼ばれる所以です。

貸借対照表で見るべきは、それぞれの積み木の割合と、その質です。2体のだるま、それぞれ「資産だるま」「負債・純資産だるま」と呼ぶことにします。それぞれのだるまが、どれだけ「質のよい」積み木で構成されているかが、その企業の財務の質を表します。

資産

　まず、資産だるまがどんな積み木で構成されているかを見ます。最も質が高い積み木は「現金」「有価証券」「土地」などです。これらは、貸借対照表に書かれた数字をほぼ額面通りに信頼することができます。

　それでは、「質の悪い積み木」とは何でしょうか。貸借対照表上の数字は、会計処理のために便宜上支払った価格（簿価）で計上されています。買った価格で売れればそれだけの「価値」があるということになりますが、多くの資産はそうではありません。例えば、あなたが自動車を新車で買って一度でも乗ったら、その瞬間にそれは「新車」から「中古車」になり、買った時よりも安い価格でしか売れないでしょう。

　このような資産は、減価償却といって、時間の経過と共に徐々に計上額を減らしていくことになっています。時間と共に溶けていく氷のようなものです。これは、溶けることのない「現金」と比べるとやはり質が落ちます。

　それでも、自動車のような一般的な資産なら、まだ買い手がいるので「二束三文」ということにはなりづらいと言えます。

問題となるのは、「その企業にとってしか価値のない資産」です。

　代表的なのが、工場です。その企業独自の製品を作るために建設した工場は、もしその製品が売れなくなってしまう、あるいは価格下落によって採算が取れなくなってしまうと、工場の価値が減ったということになり、ある時突然大きく減額されることがあります（これを「減損処理」と呼びます）。

　この減損処理で大きな問題となったのが、2000〜2010年代前半のシャープです。シャープは、当時「世界の亀山モデル」と銘打って、多額の資金をかけて液晶の工場を建設しました。しかし、同時期に中国・韓国勢も同様に液晶製造を強化しており、やがて液晶価格は値崩れを起こします。消費者にとっては、液晶テレビが安く手に入るようになったのでありがたい話なのですが、シャープにとってはせっかくつくった液晶を安値で売らざるを得なくなり、結果として工場を減損処理しなければならなくなりました。2015年3月期には約1,000億円もの減損損失を計上した結果、経営破綻の危機に瀕し、台湾企業である鴻海の出資を受け、その傘下に入ることになりました。

　このように、資産だるまにおける「工場（建物や構築物）」の

割合が高いと、もしその採算が取れなくなった際に財務状況が苦しくなってしまう可能性があります。これは事業の採算性とも合わせてみる必要があるものです。単に自己資本比率だけを見ていたら、このリスクを予想することは難しいでしょう。

　さらに扱いが難しいのが、「のれん」という会計項目です。のれんとは、企業を買収した際に買収された企業の純資産以上に支払った金額のことです。近年は、企業買収がさかんになり、多くの企業がこの項目を計上しています。しかし、これほど曖昧な資産項目はありません。

　企業を買収する際には、普通は採算を見込んでそれに見合う買収金額を支払うのですが、当然売る方は高く売りたいですし、買い手の競争相手がいることも少なくありませんから、どうしても買収金額は高くなりがちです。しかし、その後思ったような買収効果を生めなかったり、買収した企業が実はそれほど優秀でもなかったりすると、支払った金額は「高すぎた」「無駄だった」ということになり、工場などと同様に減損処理しなければならなくなります。

　のれんの減損で代表的な事例を挙げるとすれば、東芝のウェスティングハウス買収があります。東芝は2006年に米国の原

子力関連企業・ウェスティングハウスを約6,600億円で買収、その後子会社となったウェスティングハウスを通じて買収を行うなどして、**2015年3月期には約1兆円の「のれん及びその他の無形資産」を計上していました。**しかし、その後買収の失敗や不正会計などにより（いろいろありすぎてここでは書ききれませんが）のれんの大部分を減損せざるを得なくなり、瞬く間に債務超過に陥ってしまいました。

このように、のれんとは「それだけ支払った」という事実があるだけで、その「価値」が担保されているものではありませ

図19 【質の高い資産／低い資産】

質の高い資産	質の低い資産
・現金	・のれん
・有価証券	・無形資産
・土地	・建物・構築物
・敷金・保証金	・棚卸資産

ん。私は、多額ののれんを見ると「蜃気楼」と考えるようにしています。要するに、幻として見るということです。

　財務の安定上重要なのは、仮にのれんが全額減損してしまったとしても、東芝のように債務超過に陥らないことです。のれんが減損すると、その金額が純資産から引かれることになります。したがって、のれんと純資産の金額を比較し、のれんが純資産よりも大きいなら「要警戒」と考えるようにしています。

　そもそもの企業の「性格」というところを考えると、純資産以上ののれんを抱える企業はどこか無茶しがちなところがあります。注意信号としての有効性は非常に高いと言えるでしょう。

負債・純資産

　さて続いては、貸借対照表の右側「負債・純資産だるま」です。これは企業がどのような方法でお金を調達しているかを表しています。

　簡単に言えば、必要な資金を借金によって調達している企業は財務リスクが大きく、自己資金によって賄われている企業は財務リスクが小さいと言えます。これは家を買う時と同じ

で、フルローン（全額借金）で買う場合よりも頭金（自己資金）を少しでも多く支払った方が安心感が高いということです。

「借金」と言える項目は、「短期借入金」「長期借入金」「社債」などがあります。これらを合計した金額を「有利子負債」と呼びます。いずれは返さないといけないお金ですし、金利も支払わなければなりません。多少の金額なら問題ありませんが、これがだるまの大部分を占めるということになると、かなり注意が必要になってきます。

ただし、その金額の大小だけを比べればいいというものでもありません。これは資産だるまとの比較で見るべきものです。もし資産だるまが安定感の高い「現金」や「土地」で構成されていて、借金がそこから大きくはみ出した金額でないのなら、あまり問題になりません。まして「現金」であれば、今その瞬間にでも借金を返済することができるからです。

私が財務諸表を見る時はまず「有利子負債−現金」（純有利子負債）の計算をするようにしています。これが小さければ小さいほど実質的な借金は小さくなりますし、マイナスになる場合は「ネットキャッシュ」（現金超過）と呼ばれ、実質無借金ということができます。ネットキャッシュであれば安定性は相当

図20　【財務諸表の見方】

借金が多くても
安全性の高い企業

借金が多く
安全性の低い企業

高いので、私はその時点で財務に関しては「合格」のスタンプを頭の中で押すようにしています。

　あとは、純資産の項目です。純資産は大雑把に「資本金」「資本準備金」「利益剰余金」で構成されます。資本金と資本準備金は、その企業に直接出資された金額を表します。一方で利益剰余金は、その企業が事業を通じて積み上げてきた利益の蓄積です。

　資本金・資本準備金と利益剰余金のどちらの金額が大きい方がよいでしょうか。答えはほぼ間違いなく「利益剰余金」と言

えます。なぜなら、最初の出資金が大きくても、利益剰余金が
なければその会社はまだ何も生み出していません。逆に利益剰
余金の割合が大きい企業は、長い時間を経て盤石の財務基盤を
築いている可能性が高いと言えます。

　出資金だけが大きい企業の例として、例えば上場したての企
業を挙げることができます。ベンチャーキャピタルから多額の
お金を調達したものの、損益は赤字が続き、利益剰余金がマイ
ナス（累積損失）となっているケースです。もちろん将来を見
据えた企業なのでそれだけで悪いというわけではありません
が、黒字を出せなければいつか資金が尽きてしまうことになり
ます。

キャッシュ・フロー計算書

　キャッシュ・フロー計算書は一般の方にとってはあまり馴染みがないかもしれませんが、実は最もその企業の実態を表したものだと言えます。貸借対照表の「のれん」のところで説明したように、貸借対照表では蜃気楼のように実体のないものも「資産」として計上され、実際にはお金が出ていっているのに、その場では「損失」として計上されません。

　これを家計に例えるなら「フェラーリを3,000万円出して買ったけど、資産として残ってるから家計としては痛くも痒くもないね」と言っているようなものです。

　しかし、実態としてお金は確実に減っています。「黒字倒産」という言葉を聞いたことがあるでしょうか？　損益計算書上は黒字で債務超過にもなっていないのに、企業が倒産してしまうことです。これは必ずしも珍しいことではなく、しばしば起こります。

　後継者難などでやむを得ず企業をたたむという場合は別に

して、企業が倒産する理由はほぼ間違いなく「お金がなくなった時」です。どんなに損益計算書や貸借対照表がきれいでも、支払うお金がなくなったら、その企業は倒産してしまいます。キャッシュ・フロー計算書は、そんな事態をも察知するための「リアル」を記すものなのです。

　私たち投資家が、企業の「価値」を計算する時にもキャッシュ・フローは重要になってきます。企業の価値とは、簡単に言えばその企業が将来にわたって生み出す「現金」の総和です。したがって、キャッシュ・フロー計算書を参考にこれから生み出す現金をシミュレーションすることで、企業価値が計算できます。

　また、キャッシュ・フロー計算書は、その企業の「成長ステージ」や「成長に向けた意思」をよく表すものと言えます。キャッシュ・フロー計算書は「営業キャッシュ・フロー」「投資キャッシュ・フロー」「財務キャッシュ・フロー」に分けられますが、これらがそれぞれプラスになっているかマイナスになっているかで、その企業が置かれている成長ステージや目指している方向性が反映されるのです。これについてはこの章の後半で詳しく解説します。

損益計算書が「落とすだるま」、貸借対照表が「積み上げる
だるま」だとしたら、キャッシュ・フロー計算書は「落とした
り、積み上げたりしていくだるま」となります。足したり引い
たり、何かと忙しいのがキャッシュ・フロー計算書の特徴です。

営業キャッシュ・フロー

　まず、「営業活動によるキャッシュ・フロー」（営業キャッ
シュ・フロー）から見ていきましょう。

　キャッシュ・フロー計算書のスタートは、損益計算書の「純
利益」から始まります。これは、全ての費用を控除し終えた後
の利益です。キャッシュ・フロー計算書上で行うことは、簡単
に言えば損益計算書の「フィクション」から「リアル」への調整
なのです。

　まず、大きな項目として「減価償却費」があります。キャッ
シュ・フロー計算書では、「減価償却費」は「足し戻す」項目に
なります。なぜかといえば、減価償却費は「資産の価値がこの
くらい減った」と仮定した数値であり、お金が出ていっている
わけではないからです。同様に、「減損損失」もその時にお金は
出ていっていないので、足し戻すことになります。

　このように説明すると「むしろ実態よりよく見せているのでは？」と感じるかもしれません。損益計算書で「費用」や「損失」として計上したものをなかったことにしているわけですからね。しかし、それはこの後の「投資キャッシュ・フロー」で調整されることになります。

　営業キャッシュ・フローのその他の項目としては、「金融取引の支払いや受け取り」「在庫の増減」「運転資本の増減」などがあります。営業キャッシュ・フローは、あくまで「営業」すなわち事業からもたらされるお金を計算するものですから、財務的な項目である金融取引の収支は除きます。また、在庫が増えると現金は減ります。運転資本（買掛金や売掛金）取引においては、前期より買掛金が増えると手元の現金は増え、売掛金が増えると手元の現金は減ります。

　これらのプラス、マイナスを経て出てくるのが、営業キャッシュ・フローです。一般的に言って、営業キャッシュ・フローがマイナスの会社はかなり注意が必要です。なぜなら、事業を続けているだけで、お金がどんどんなくなっていく状態だからです。逆に、純利益が赤字であっても、営業キャッシュ・フローが黒字なら、当面はやっていける可能性があります。

投資キャッシュ・フロー

　次に出てくるのが、「投資活動によるキャッシュ・フロー」
（投資キャッシュ・フロー）です。これは文字通り、投資に使っ
たお金を示します。一般的にこの数字はマイナスになることが
多くなります。

　投資キャッシュ・フローでは、貸借対照表において「固定資
産」に分類されるものを購入した時に支払った現金を記しま
す。工場をつくるとしたら土地や建物、機械を買ったお金です。
また、企業を買った時（M&A）もここに記されることになりま
す。
　貸借対照表では、これらを購入した時は「資産」として計上
し、一見何も失っていないように見えました。しかし、キャッ
シュ・フロー計算書では出ていった現金をはっきりマイナス項
目として示すことで、「失ったもの」を明確にしているのです。

　逆に、実際にはお金が出ていっていない損益計算書の項目で
ある減価償却費は、営業キャッシュ・フローのところで足し戻
しましたね。このように、あくまで「現金の動き」だけを記録す
るのが、キャッシュ・フロー計算書の役割で、より「リアル」に
近いというわけです。

キャッシュ・フロー計算書においては、投資キャッシュ・フローは最も企業の「意思」を表すものだと考えています。なぜなら、工場を建てたり、企業を買ったりすることは企業経営で最も重要な意思決定の産物だからです。例えば、たくさん投資を行っている企業は、これから成長するためにリスクを取ってお金をつぎ込んでいると見ることができます。

フリー・キャッシュ・フローと成長ステージ

それでは、どうやって投資が「多い／少ない」を判断できるでしょうか。その時の目安となるのが、営業キャッシュ・フローとの比較です。営業キャッシュ・フローがプラスだとして、「(営業キャッシュ・フロー) ＋ (投資キャッシュ・フロー)」を計算した時にプラスになる、すなわち営業活動で入るお金よりも投資活動で出ていくお金が少ない時は、事業で得られるお金の範囲内で投資を行っているということになります。

逆にこれがマイナスになる時は、得られるお金以上の投資を行っている、すなわちリスクを取って成長を目指しているということになります。

この「(営業キャッシュ・フロー) ＋ (投資キャッシュ・フ

ロー)」のことを「フリー・キャッシュ・フロー」と呼び、キャッシュ・フロー計算書において最も重要な概念です。前章で説明した有価証券報告書の冒頭では、過去5年分の財務の概略が見られますが、私はここで5年分のフリー・キャッシュ・フローを計算し、その企業が置かれているステージを把握するようにしています。(表の「成熟期」「高リスク」のケースは少なく、多くは「成長期」か「安定期」に分類されます。)

　企業のステージは、まさに人生におけるステージと同じようなものでプラスとマイナスで表現されます。

図21　【キャッシュ・フローによる成長ステージ分類】

	成長期	安定期	成熟期	高リスク
営業CF	＋	＋	＋（－）	－
投資CF	－	－	＋	－
フリーCF	－	＋	＋	－

　成長期は、人生における青年期です。多少無茶しても成長のためにお金や時間を使う。大きな夢を見て行動しますが、それがうまくいくかどうかは未知数です。

　仕事が安定してきて収入も支出も落ち着いてくるのが安定期です。仕事も安定し、支出も把握できるため資産を積み上げる時期になります。一方で、将来が見えてきて成長もほどほどになってきます。

　そしていよいよ人生の棚卸しをし始めるのが、成熟期です。投資キャッシュ・フローが黒字になるということは、持っている資産を売却している意味です。もし、営業キャッシュ・フローがマイナスで、投資キャッシュ・フローがプラスなら、いよいよ企業をたたもうとしているかもしれません。

　このように、企業のステージは人生に例えることができますが、1点だけ大きく違うことがあります。それは、人生は時間が有限で、一度老いたらもとに戻れないのに対し、企業は「ずっと続く前提（ゴーイング・コンサーン）」があるということです。現に、何百年も続く企業だってありますよね。だからこそ、一度安定期や成熟期に入った企業も、再び成長期に入るということもあります。そしてその時には、積み上げてきた経験や資産がありますから、さらに大きな成長を遂げる可能性があるのです。その時の経営者が、いわゆる「中興の祖」と呼ばれたりします。

例えば、ソニーはかつてテレビやウォークマンで一世を風靡しましたが、やがて中国・韓国勢に価格競争で破れ、これらの事業を売却せざるを得ませんでした。しかし、ここ数年エンターテイメント事業に力を入れた結果、『鬼滅の刃』大ヒットの立役者となるなど、息を吹き返しているのです。このような話は、まさに人生ドラマを見ているようですね（ちなみに、ソニーの「中興の祖」となった吉田憲一郎氏は、私の鶴丸高校・東大経済学部の先輩でもあります）。

　なお、この人生ドラマの先を読もうとするのが、次章で解説する「ストーリーを考える」ということになります。その内容はまた追って説明します。

財務キャッシュ・フロー

　財務キャッシュ・フローは、借入金の増減、資本調達、株主還元（配当・自己株式取得）で構成されます。簡単に言えば、足りないお金を借金や株式発行で調達し、余ったお金を株主に還元するというものです。

　ここを見れば、企業の資金繰りが手に取るように分かります。借金が増え続けている企業は要注意ですし、資本調達はそ

う何度も行えるものではありません。財務が健全な企業ほど、財務キャッシュ・フローはマイナスになることが多いのです。いわば、フリー・キャッシュ・フローと対をなす項目ですね。

　以上、足したり引いたりが忙しいキャッシュ・フロー計算書でしたが、それらをトータルして最後に残るのが、その期の現金の増減です。「キャッシュ・イズ・キング」という言葉があるように、企業の生死を最終的に分けるのが、現金を持っているかどうかです。だからこそ、キャッシュ・フロー計算書は財務三表の中で最も重視すべきものと考えます。

財務諸表とストーリー

　こまで損益計算書、貸借対照表、キャッシュ・フロー計算書を別々に見てきました。しかし、これらは当然ひとつの企業のものなので、それぞれが関連し合っています。

　商品を売ろうと思ったら、まずそれを仕入れるところから始めなければなりません。メーカーだったら、商品をつくる前に工場を建設しなければなりません。工場を建設するためには、お金を調達しなければなりません。このように、最終的には数字の羅列として出てくるものでも、その裏には必ず「ストーリー」があります。

　例えば、同じ計測機器のキーエンスとオムロンでは、2022年3月期の売上高営業利益率がそれぞれ、キーエンス55%とオムロン11%です（損益計算書）。どちらもFA（工場自動化）関連のセンサや制御機器を販売しているにもかかわらず、なぜこれだけの違いが出るのでしょうか？

　その答えが、貸借対照表を見ると分かります。オムロンでは、貸借対照表の借方（左側）に「有形固定資産」が一定割合を

占めるのに対し、キーエンスはそれがほとんどありません。同様に「棚卸資産」も比較的少ないことが分かります。

さらに深く踏み込むと、両者のビジネスモデルの違いに行き着きます。オムロンは一般的な工場を持って製品をつくるメーカーなのに対し、キーエンスは「ファブレス」と言って、工場を持たないビジネスを行っているのです。だからこそ、キーエンスに工場などの有形固定資産はほとんどないのです。

ただし、それだけでは営業利益率が高い理由にはなりません。商品を売るためには、当然それをどこかにつくってもらい、仕入れる必要があります。単に横流ししていただけでは、これほどまでに高い利益率を出すのは難しいでしょう。

しかし、そこが腕の見せどころです。キーエンスという会社をよく見ると、営業に非常に力を入れていることが分かります。従業員一人当たり2,000万円を超える平均年収を誇り（有価証券報告書に記載があります）、一人ひとりの営業が徹底的に顧客に対する「提案力」を磨くことで、顧客の要望にあった商品を開発側に提案し、顧客に納得して購入してもらうことで、結果として仕入価格に対して大幅な利ざやを乗せて顧客に商品を販売することができているのです。

図22 【キーエンスとオムロン】

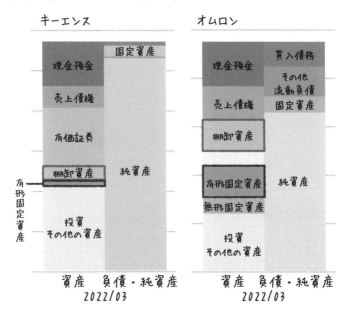

　もちろん、オムロンもよい企業です。メーカーとして営業利益率が10%を超えているのは立派です。

　重要なのは、それぞれの「違い」を知ることです。オムロンは、優れた商品をつくることに重きを置いた企業であるように見えます。それに対し、キーエンスは顧客との接点に重きを置き、営業人員への投資を惜しみません。どちらも社会にとって必要な企業です。

投資家的な見方をするのであれば、**キーエンスは「資本効率」を意識した会社**であることがよく分かります。大きな工場を抱えることは、資本効率の低下や財務リスクを抱える可能性があります。一方、顧客との接点に重きを置く「ファブレス」であれば、高い機動力で最も収益性の高い商品に絞ることができ、また大きなお金（資本）も必要としないことから、同じ元手からより多くの利益を生み出すことができるのです。もちろん、それができるのは優秀な営業社員がいるからであり、単なる「御用聞き」でやっていたのではこれほどまでに高い収益性を維持することは難しいでしょう。

　一方で、働く側の観点からすると、オムロンは製品そのものが好きな人に向いているでしょうし、キーエンスは高い給料に見合う相応のプレッシャーの中での営業成績達成が求められるでしょう。

　物事には常に表と裏があります。その両方を見て、最終的には自らの判断で「投資するならこっち」「就職するならこっち」という判断を行っていくことが、企業分析の目的です。

投資で最も重要な「ROE」 の本当の意味

資本効率の話が出たので、ここで改めてROEについて触れておきたいと思います。

ROEは投資家として最も重要視する指標のひとつです。なぜならこれが、企業の長期的な成長を予測する大きな要素になるからです。

計算式だけ取り出すと以下のようになります。

$$ROE（\%）＝\frac{当期純利益}{株主資本}×100$$

すなわち、現在の株主資本に対し、当該決算期にどれだけの利益を生み出したかという意味になります。この数値を上げようと思ったら、当期純利益の金額が増えるか、株主資本の金額を減らす必要があります。

　当期純利益の額を増やすには、頑張って事業を成功させる必要があります。これはすぐにできることではありません。一方で、株主資本は、自己株式取得や配当により株主還元を行うことで減らせます。ROEの重要性が叫ばれるようになってから、後者のような動きを行う企業も増えてきました。

　しかしそれは必ずしもROEの本質を捉えているとは言えません。

　それでは、なぜ長期投資家がROEを重視しているのか？その答えは、「複利」にあります。

　複利と言うと、一般的には債券の利息や配当を再投資することで、雪だるま式にお金が増えていくことを意味します。これを意識する人は、株式投資においても「配当がないと複利効果が働かない」と考える人も少なくありません。

　しかし、企業への投資の本質はそこではありません。なぜなら、企業はその利益を事業に「再投資」することで、企業そのものが複利的な成長を遂げることができるからです。

学校の授業で「拡大再生産」という言葉を聞いたことがある
でしょうか。事業で生み出した利益を再び事業に投資し、さら
に大きな利益を生み出すことです。これぞまさに企業投資にお
ける複利効果に他なりません。俗に言う「内部留保」もこの意
味合いであり、決して現金を溜め込んでいるわけではないので
す（中にはそういう企業もありますが、基本的には将来の成長
のために「留保しているもの」ということになります）。

　この概念において、ROEは債券でいうところの「利子率」
に該当します。要するに、毎年8％のROEを計上し続ける企業
は、年8％の定期預金に再投資し続けているのと同じなのです。

　8％の複利がずっと続くと、10年で2.2倍、20年で4.7
倍、30年で10倍に成長します。時間が長くなればなるほど、
この数字は大きくなります。だからこそ長期の視点で重要なの
は、目先のROEの高さより、その持続性があるかどうかとい
うことになるのです。

図23　【8%複利による成長】

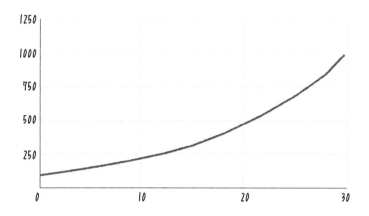

　なお、利益の再投資で用いるべき数字はROEよりもROIC（投下資本利益率）の方が適切ですが、複雑になるため、ここでは省略します。詳しく調べたい方は、ファイナンスの本を手にとって見ていただければと思います。

NECの財務分析

　れでは、改めてNECの財務諸表を読んでみたいと思います。有価証券報告書をベースに、あくまで「私だったらこう読む」という流れなので、これが常に正解というわけではありません。また、あくまでざっくり読むことが目的なので「このくらいでもよいんだ」という感覚でお読みいただければと思います。

　まずは損益計算書です。

　私が見る順番としては、営業利益率→売上高総利益率の順です。それぞれ、業界や他の会社と比較して「高いか、低いか」ということをざっくりと把握します。

　営業利益率を計算すると、1,325億円÷3兆140億円×100で4.4%という数字が出ます。ここで感覚として「業界平均並みか少し低い」ととらえられます。さほど特徴的な利益率ではありません（高い、低いの感覚は、多くの企業を見ることで徐々に身についていきます。こればかりは数をこなすしかありません）。

図24　【連結損益計算書】

② 【連結損益計算書及び連結包括利益計算書】

【連結損益計算書】

(単位：百万円)

	注記	前連結会計年度 (自 2020年4月 1日 至 2021年3月31日)	当連結会計年度 (自 2021年4月 1日 至 2022年3月31日)	
売上収益	6, 25	2,994,023	3,014,095	①
売上原価	14, 27	2,132,840	2,127,682	
売上総利益		861,183	886,413	②
販売費及び一般管理費	27	732,989	762,970	
その他の損益（△は損失）	26	25,565	9,082	
営業利益	6	153,759	132,525	
金融収益	6, 28	9,691	17,894	
金融費用	6, 28	10,613	11,367	
持分法による投資利益	6, 12	4,994	5,384	
税引前利益		157,831	144,436	
法人所得税費用	13	△4,035	△12,267	
当期利益		161,866	156,703	
当期利益の帰属				
親会社の所有者		149,606	141,277	
非支配持分		12,260	15,426	
当期利益		161,866	156,703	
親会社の所有者に帰属する1株当たり当期利益				
基本的1株当たり当期利益（円）	29	557.18	518.54	

①営業利益率
営業利益率＝
営業利益／売上高

②売上高総利益率
売上高総利益率＝
売上総利益／売上高

出所：NEC

　続いて、売上高総利益率です。同様に、8,864億円÷3兆140億円×100を計算すると、**29.4%**となります。

　ここで考えるのは、NECのビジネスモデルです。第3章でNECは「システム・インテグレーション企業である」と一旦結論づけました。同様のビジネスモデルで最も費用がかかるのが「人件費」です。いわゆるSE（システム・エンジニア）ですね。人件費は少し複雑で、売上原価に計上されることもあれば、販管費に計上されることもあります。SEの場合、直接的にプログラムを書いている人の給与は売上原価、それを管理している人

や営業担当は販管費に計上されることが多いと言えます。

　これらの内訳については、有価証券報告書の「注記」に書かれていることがあります。損益計算書をみると、売上原価と販売費及び一般管理費の欄に「27」という数字がありました。そちらを見ると、「費用の性質別内訳」ということで、図25の記載があります。

図25　【費用の性質別内訳】

27．費用の性質別内訳
　売上原価および販売費及び一般管理費の性質別内訳のうち、重要なものは次のとおりです。

（単位：百万円）

	前連結会計年度 （自　2020年4月　1日 至　2021年3月31日）	当連結会計年度 （自　2021年4月　1日 至　2022年3月31日）
材料費	959,267	898,167
人件費	885,457	944,381
アウトソーシングおよび外部委託費	568,306	618,588
減価償却費および償却費	191,227	207,588

"材料費"が大きいことから、いまだに多くの"モノ"をつくっていることがうかがえる

"人件費"も大きく、システムは内製が多そう（外注の場合"外部委託費"が増える）

出所：NEC

　ここから先は前提知識の問題にもなるのですが、システム・インテグレーターの場合、最終的にプログラムを書くのは下請

けに任せている会社もあります。そのようなところは、「外注費」などの項目が多くなります。図25を見ると、「アウトソーシングおよび外部委託費」とありますから、一定程度の外注を行っていることが分かります。一方で、直接的な人件費がそれを上回っていることから、完全に外注ではなく、ある程度の部分を社内人員で賄っていることが分かります。

　プログラムを社内の人が書いているとして、改めて有価証券報告書の「企業の状況」から「従業員の年間平均給与」を見ると、814万円という記載があります。一般的には結構高い部類ではないかと思います。彼らが多くの付加価値を生んでいたらよいのですが、決して高くない利益率を見ると、むしろ自社の社員がプログラムを書くことがはたして効率的なのかどうか、考える必要性があるかもしれません。

　続きまして、貸借対照表です。

　図26でまず見るのが、「流動資産」にある「現金及び現金同等物」で、4,307億円です。ここと比較するのが、「流動負債」にある「社債及び借入金」1,867億円と「非流動負債」にある「社債及び借入金」2,578億円です。これらの「借金」を合計すると、4,445億円と「現金及び現金同等物」とほぼ同じ金額にな

図26 【連結財務諸表】

1 【連結財務諸表等】
(1) 【連結財務諸表】
① 【連結財政状態計算書】

(単位：百万円)

	注記	前連結会計年度 (2021年3月31日)	当連結会計年度 (2022年3月31日)
資産			
流動資産			
現金及び現金同等物	16	523,345	430,778
営業債権及びその他の債権	15	740,448	722,334
契約資産	25	270,322	285,890
棚卸資産	14	185,548	246,244
その他の金融資産	30	9,573	17,554
その他の流動資産	17	131,596	133,890
流動資産合計		1,860,832	1,836,690
非流動資産			
有形固定資産（純額）	8,10	553,171	540,257
のれん	9,10	300,530	335,978
無形資産（純額）	9,10	368,858	374,703
持分法で会計処理されている投資	12	73,316	76,470
その他の金融資産	30	210,427	236,544
繰延税金資産	13	133,881	153,313
その他の非流動資産	10,17	167,549	207,778
非流動資産合計		1,807,732	1,925,043
資産合計		3,668,564	3,761,733

(単位：百万円)

	注記	前連結会計年度 (2021年3月31日)	当連結会計年度 (2022年3月31日)
負債及び資本			
負債			
流動負債			
営業債務及びその他の債務	23	467,638	446,788
契約負債	25	250,011	266,158
社債及び借入金	20	51,610	198,774
未払費用		215,965	232,257
リース負債	30	47,480	49,462
その他の金融負債	30	19,670	21,397
未払法人所得税等		28,147	17,403
引当金	22	55,381	62,077
その他の流動負債	24	61,721	51,667
流動負債合計		1,197,523	1,333,983
非流動負債			
社債及び借入金	20	486,739	237,809
リース負債	30	115,127	103,241
その他の金融負債	30	34,974	26,937
退職給付に係る負債	21	191,907	179,599
引当金	22	20,421	18,910
その他の非流動負債	24	58,047	54,522
非流動負債合計		909,215	641,108
負債合計		2,106,738	1,975,091
資本			
資本金	18	427,831	427,831
資本剰余金	18	168,965	169,090
利益剰余金	18	564,660	678,653
自己株式	18	△1,578	△1,906
その他の資本の構成要素	18	148,273	239,835
親会社の所有者に帰属する持分合計		1,308,151	1,513,503
非支配持分	11	253,675	273,139
資本合計		1,561,826	1,786,642

質の高い資産

質の低い資産

大小比較

借金
（合計4,445/1億円）

出所：NEC

176

ります。この時点で資産の安全性には「問題なし」と言うことができますから、他に問題点が見つからない限りこの議論は忘れることにします。

　続いて目に入るのが、「のれん」3,359億円、「無形資産（純額）」3,747億円です。のれんや無形資産があるということは、企業買収の痕跡を見て取ることができます。セオリーどおりにこれを「資本合計」1兆7,866億円と比較すると、資本が大きく上回るため、万が一のれんの減損が起きても、それだけで債務超過のリスクはないことが分かります。

「資産」で大きな割合を占めるものに、「有形固定資産」5,402億円があります。一般的なシステム・インテグレーターだとしたら、これほどの有形固定資産は必要がないことになりますから、これがなぜなのかを考える必要がありそうです。これは第3章でも見た通り、NECは今メーカーからシステム・インテグレーターへの過渡期にあり、メーカーとしての名残が残っていると考えるのが自然かもしれません。そういえば、損益計算書の費用のところでも、「材料費」8,981億円とあったので、まだモノをつくる事業は行っていそうです。モノをつくっていることが、他のシステム・インテグレーターより利益率が低い理由とも考えられます。

第3章でもROEの数値を確認しましたが、ここのところ上昇傾向にあると言いました。その要因は、収益性の低いメーカーとしての資産を徐々に落としているからかもしれません。すなわち、今後もシステム・インテグレーターとしての色をより濃くすることで、収益性の高い企業に生まれ変わる可能性は十分にあると考えられます。

　最後にキャッシュ・フロー計算書です。

「営業活動によるキャッシュ・フロー」が1,475億円、「投資活動によるキャッシュ・フロー」が△633億円、両者を合計したフリー・キャッシュ・フローが842億円です。図27に従うと、NECは「安定期」（P.160図21参照）に分類され、無理のない事業運営を行っていることが分かります。

「財務活動によるキャッシュ・フロー」からも、借入金を返済していることが分かり、貸借対照表と同様に財務は安定していることが分かります。

　以上を総括するなら、NECは売上高営業利益率こそ低いものの、それはメーカーからシステム・インテグレーターへ移行していることも影響している可能性があるといえます。もっと

図27 【連結キャッシュフロー計算書】

①【連結キャッシュ・フロー計算書】

(単位：百万円)

	注記	前連結会計年度 (自 2020年4月1日 至 2021年3月31日)	当連結会計年度 (自 2021年4月1日 至 2022年3月31日)
営業活動によるキャッシュ・フロー			
税引前利益		157,831	144,436
減価償却費及び償却費	6	167,613	180,539
減損損失	6,10	4,035	985
引当金の増減額（△は減少）		△5,749	3,420
金融収益	28	△9,691	△17,894
金融費用	28	10,613	11,367
持分法による投資損益（△は益）		△4,994	△5,384
営業債権及びその他の債権の増減額（△は増加）		4,120	25,469
契約資産の増減額（△は増加）		△20,130	△5,946
棚卸資産の増減額（△は増加）		19,249	△58,846
営業債務及びその他の債務の増減額（△は減少）		4,926	△27,434
契約負債の増減額（△は減少）		24,652	△1,775
その他（純額）		△50,443	△58,824
小計		302,023	190,111
利息及び配当金の受取額		5,161	5,876
利息の支払額		△7,813	△8,508
法人所得税の支払額		△24,464	△39,962
営業活動によるキャッシュ・フロー		274,907	147,517
投資活動によるキャッシュ・フロー			
有形固定資産の取得による支出		△59,307	△56,949
有形固定資産の売却による収入		41,761	15,373
無形資産の取得による支出		△11,629	△14,157
その他の包括利益を通じて公正価値で測定する 資本性金融商品の取得による支出		△2,620	△11,679
その他の包括利益を通じて公正価値で測定する 資本性金融商品の売却による収入		97,107	18,443
子会社の取得による支出	7	△202,588	△12,214
子会社の取得による収入	7	100	—
子会社の売却による収入		8,444	5,078
子会社の売却による支出		△2,969	△92
関連会社または共同支配企業に対する投資の 取得による支出		△230	△137
関連会社または共同支配企業に対する投資の 売却による収入		8,448	2,197
その他（純額）		992	△9,240
投資活動によるキャッシュ・フロー		△122,491	△63,377

両者を合計して
フリー・キャッシュ
フローを計算

(単位：百万円)

	注記	前連結会計年度 (自 2020年4月1日 至 2021年3月31日)	当連結会計年度 (自 2021年4月1日 至 2022年3月31日)
財務活動によるキャッシュ・フロー			
短期借入金の純増減額（△は減少）	20	△47,333	38,696
長期借入れによる収入	20	99,181	382
長期借入金の返済による支出	20	△44,009	△137,650
社債の発行による収入	20	35,000	—
社債の償還による支出	20	△55,000	—
リース負債の返済による支出	31	△57,530	△57,283
株式の発行による収入	18	60,893	—
非支配持分への子会社持分売却による収入		35,000	—
配当金の支払額	19	△21,296	△27,259
非支配持分への配当金の支払額		△5,396	△6,093
自己株式の処分による収入		3,239	243
その他（純額）		△1,355	△652
財務活動によるキャッシュ・フロー		1,394	△189,616
現金及び現金同等物に係る為替変動による影響		6,122	12,909
現金及び現金同等物の増減額（△は減少）		159,932	△92,567
現金及び現金同等物の期首残高		359,252	523,345
売却目的で保有する資産への振替に伴う 現金及び現金同等物の増減額（△は減少）		4,161	—
現金及び現金同等物の期末残高	16	523,345	430,778

出所：NEC

も、高い従業員の給与に見合った収益が生み出せているかは注意して見る必要がありそうです。M＆Aによるのれんを抱えるものの、財務状況には問題がないことが分かります。事業も「安定期」にあり、少なくとも安心して見ていられる状況にはありそうです。

　ただし、財務諸表で表せるのはあくまで過去のことです。何度も口を酸っぱくして言ってるように、より重要なのは企業の未来です。次章ではここで分析した内容をもとに、未来をどのように想像すればよいかということをお話ししようと思います。

第 5 章

企業分析で
最も大切な
「ストーリー」

過去のストーリーと
未来のストーリー

こ　れまで、有価証券報告書等を見ることによって、企業の
　　成り立ちを理解してきました。一般的な「企業分析」
は、ここで終わることが多いように感じます。しかし、この本
における企業分析はまだ始まったばかりです。

ここまで何度も触れてきたように、私たちが何のために企業
分析を行うかといえば、その企業の「未来」を見通すためです。
過去の分析で終わってしまっては、歴史の教科書を読んでいる
のと変わりません。そしてその歴史の教科書が示すことは、か
つて存在した国や王朝はいずれも隆盛と衰退を繰り返してきた
ということです。今素晴らしい企業があったとしても、それが
未来永劫続くわけではありません。

このことは就職活動のリスクとして第1章でも触れました。
就職時のランキングに頼って人気企業に就職したら、40歳に
なる頃には企業が衰退過程に入り、逆に人気のなかった企業が
潤って繁栄を謳歌しているというものです。「逆張り」しろとい

うわけではありませんが、この見極めができなければ人生すら棒に振ってしまう可能性があります。

　もっと言えば、「過去」の分析は誰がやってもほとんど同じ結果になります。なぜなら、過去に起きたことはひとつであり、それ以上でもそれ以下でもないからです。見たものが「犬」だとしたら、それは誰が見ても「犬」であって、「猫」ではないのです。だからこそ、この部分は「科学（サイエンス）」と言えます。

　ただし、その先は分析する人によって異なる「芸術（アート）」の世界です。同じ「犬」であっても「強そうな犬」だったか「賢そう犬」だったかという受け取り方は人によって微妙に違ってきます。その微妙な受け取り方の違いによって、未来の見方は大きく変わってきます。

　それでは、未来を完全に自由に描いてよいかといえば、もちろんそんなことはありません。それでは単なる妄想であり、これまでの分析を水の泡にしてしまう行為です。「犬」がいきなり「猫」に化けることがないのと同様に、これまでお堅いメーカーだったところが、ある日突然イケイケのIT企業に生まれ変わるわけはないのです。

一方で、今分析しているNECは確かにメーカーからIT企業に生まれ変わろうとしています。これはある時点でNECがそうなろうと決意し、これまで少しずつの変化を積み上げてきたものです。その成果が、財務実績にも徐々に表れつつあります。

　すなわち、多くの変化はこのように非常にゆっくりとしたものです。ただし、それが積み上がっていけば、例えば10年後の姿は大きく変わっています。私たち分析者にとって重要なのは、このわずかながら確実に進んでいる変化を読み取り、それをみて未来がどうなるか想像することなのです。

　「変化」を感じ取るためには、その企業で「今この瞬間」に何が起きているかを「嗅覚」で理解することです。ここまでのかっちりした分析に比べるとかなり漠然とした内容になってしまいますが、ここが企業分析の一番楽しいところでもあります。

ストーリー構築の流れ

　ストーリーを構築するには、「過去」「現在」「未来」に分けて考える必要があります。その企業がどんな性格を持っているかを知るのが「過去」、今この瞬間にどこを目指して何をしているのかを知るのが「現在」、そしてこれから何が起きるのかを考えるのが「未来」です。

　ここまで分析してきた内容が「過去」、そして今まさに目の前で起きている「現在」を嗅覚で嗅ぎ分け、頭の中で「未来」を想像する。ストーリーを構築する流れはこのようになります。

SWOT分析で「過去」と「未来」をつなぐ

　過去のストーリーを整理する上で土台となるのが、第2章で取り上げたSWOT分析です。その企業の「強み」「弱み」「機会」「脅威」を整理することで、現在の状況がより浮き彫りになり、「過去」と「未来」をつなぐことができます。

　早速、NECのSWOT分析をしてみましょう。あまり難しく考

えず、思いついたことをどんどん羅列してみることが思考を巡
らせるためのコツです。

【強み】
・通信ネットワーク等の技術
・知名度
・大企業や官公庁へのアクセス
・良好な財務

【弱み】
・メーカーとしての価格競争力
・人件費の高さ
・海外
・低い利益率

【機会】
・DX需要
・海外新興国の成長
・国内におけるIT人材不足

【脅威】
・コンサル等との人材獲得競争

・国内市場の飽和
・特定顧客（NTT等）への依存

　いかがでしょう。内容としてはこれまで分析してきたことの繰り返しになりますが、このように分類してみることで改めてよい点、悪い点、現在置かれている状況などが整理されると感じられるのではないでしょうか。もしここが埋まらないようなら、まだ情報の収集が足りないということなので、もう一度前に返って分析を続ける必要がありそうです。

　これまでの過去の分析と異なり、SWOT分析に唯一の正解はありません。あなたがこれまで分析してきた「事実」から感じたことを素直に書いてみることが大切です。ある人にとっては強みと感じられることが、別の人にとっては弱みに映るかもしれません。どちらが正解ということではなく、その内容があなたにとっての「アート」になるのです。

過去のストーリーを「言語化」する

　SWOT分析を行ったら、過去のストーリーを「言語化」してみましょう。これを行うことで、自分が分かっていることと、分かっていないことが明確になります。なかなかストーリーが

書けないという人は、ここまでで書いたメモをもう一度整理し直すことで自分の頭もスッキリするはずです。

この「ストーリー」は、決してレポート用紙何枚にもなる大作でなくて構いません。友人に「ここってこんな企業なんだよ」と、気軽に説明しようとする感じで大丈夫です。

アメリカで著名なファンドマネジャーであるピーター・リンチ氏は、**チームメンバーと企業の情報交換をする際は、1社90秒以内に説明する**というルールがあったと言います。逆に言えば、このくらいで説明できるくらいにならなければ、その企業について十分に理解したとは言えません。

なお、過去のストーリーの流れは有価証券報告書の「沿革」や企業ホームページ、雑誌記事やWikipedia等で確認することができます。

以下、NECの過去のストーリーを言語化してみます。

"NECは、官公庁や製造業の顧客に対し、ITシステムを提供する企業である。1899年に米国ウェスタン・エレクトリック・カンパニーによって設立され、電子機器のメーカーとして

活躍。しかし、海外勢との競争は激しく、近年はメーカーから
ITシステム・インテグレーターへと軸足を移しつつある。

　売上高は頭打ちだが、サービス産業化により利益率の向上が
見られる。ただし、競合他社と比べるとなお利益率が見劣りす
る。"

　ざっくり言えばこのような感じになります。有価証券報告書
を読めば、十分に整理できる内容です。

　なお、これだとすでに出てきた「銘柄スカウター」にあるよ
うな記載とあまり変わらないと思うかもしれませんが、重要な
のはそれを「自分の言葉」で書いてみることです。そうするこ
とで、どのような意味なのかよく考えるようになり、企業に対
する理解はますます深まるでしょう。

　ここで必要なのは他人に見せることよりも、自分の中で理解
することです。これがなければ次のステップへ進むことはでき
ません。

「今」起きていることを感じ取る

　ニュースを見ていて、打ち出される企業の戦略が「なぜそれをやるのか」を疑問に感じたことはないでしょうか？　要するにその疑問を解消するために行うのが、「今」を感じ取る作業です。

　これまでの「ストーリー」が見えていれば、企業が打ち出す目先の戦略の「意味」を理解できる可能性が高まります。逆に言えば、これがわからない限りは、過去の分析がまだ足りないということです。

　NECの事例で言えば、同社は2022年7月28日に「NECエンベデッドプロダクツ社の株式譲渡について」というプレスリリースを発表しました。これだけを見ると、場合によっては子会社を売却するなんて「資金繰りに困っているのかな」と思ってしまうかもしれませんが、NECのこれまでのストーリーを理解していれば「メーカーからシステム・インテグレーターへの転換」の一環であることが分かるはずです。

図29 【プレスリリース】

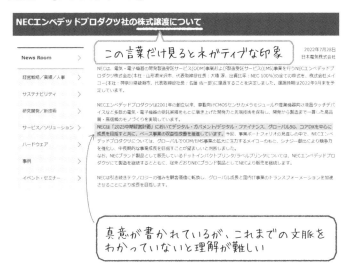

出所：NEC

　「今」を読み取るには、上記のようなプレスリリースの他、様々なニュースや、実際に店舗を訪れて見るのも情報収集の手段です。何も考えずにそのお店に行くのと、経営の背景を知って行くのとでは、見えるものがぜんぜん違うはずで、街に出るのも楽しくなるでしょう。実際に、私も外出する時はその背景にある経営のことに思いを馳せます。

逆に「なんでこのお店はこんな売り方をしているんだろう？」と疑問に思った時は新しい企業の戦略に出合うチャンスです。

　私が最近街に出て気になったお店に「3COINS」があるのですが、改めて調べると「パルグループホールディングス」という企業が運営していることが分かりました。3COINS以外は多くのアパレルブランドを保有するいわゆる「マルチブランド戦略」を採っていて、その一環として3COINSが生まれたということです。それが今、時代の流れに乗って花開いているということが分かり、マルチブランドの意味、すなわち「数撃ちゃ当たる」が少し理解できた気がしました。

「今」起きていることの解釈は、受け手によって大きく変わります。それにどんな意味があるのか、有効なものなのか、唯一の正解は現時点で誰も持っていません。それに意味を与えるのは、これまでの分析と、そしてあなたがこれまでの人生で積み上げてきた経験値です。
　ここまでの分析はどちらかと言うと「左脳」を使った論理的なものが中心でしたが、未来を創造するためには「右脳」、すなわち感覚的なものの優位性が高まります。机に向かっている時よりも、外に出て街を眺めたり、ぼんやりと考えごとをしてい

る時の方が、有効なアイデアを思いつきやすい世界です。

　右脳の働きに大きな影響を与えるのが、これまであなたが人生の中で感じ取ってきた経験です。自分が気に入って通っている飲食店があったとして、今分析している企業の戦略が「同じだ」と感じることができれば、よりリアルな形で企業の戦略を可視化することができるはずです。

　このように、「今」や「未来」を感じ取るために私たちの脳が行っていることは「連想ゲーム」に他ならず、この働きを助けるのが脳のシナプスであり、まだAIには取って代わりそうにない分野であると言えます。

未来の「幅」を考える

　ここからは、少し複雑な作業になってきます。なぜなら、まだ誰も見たことのない「未来」のことを考えるからです。未来はそう簡単に当てられるものではない、むしろ正確に当てることは「不可能」とも言えます。

　ただし、ここまで企業のことを分析してきたのなら、正確とは言わないまでも大外れしない程度には考えることができま

す。なぜなら、「未来」と言ってもいきなりやってくるのではなく、これまでやってきたことの延長線上にあるからです。

　長期投資の観点で言えば、現在企業が行ってる戦略がうまくいくかどうか。うまくいった時にどんな成果が得られるか。またそれを加速させる／妨げる要因があるとしたら何か？　ということを考えます。これらのそれぞれについて、ポジティブシナリオ、ネガティブシナリオを考えることで、未来予測の「幅」を考えることができるはずです。

図30　【未来予測の幅】

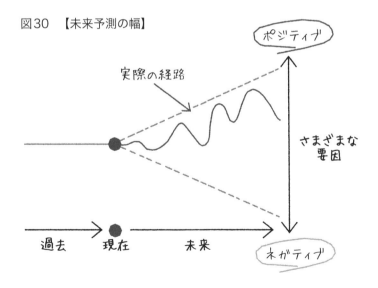

　すなわち、最もうまくいった時のシナリオが「上限」、うまくいかなかった時のシナリオが「下限」となり、実際の未来はその間に位置するはずであると想定することができます。

　まず、ポジティブ・ネガティブそれぞれの観点での要因を挙げてみましょう。その際、それぞれの要因が与える確率とインパクトをイメージすると、一層有意義なものになるはずです。

〈ポジティブ〉

・システム・インデクレーターへの転換による収益性向上
・DX需要の拡大
・通信技術との融合
・自動運転の普及

〈ネガティブ〉

・他社との競争激化
・DX化の停滞
・景気低迷
・人材の流出
・革新的技術の登場

　ひととおりポジティブ、ネガティブの項目を挙げたら、言葉でまとめてみましょう。

【ポジティブシナリオ】

　最もポジティブなシナリオとして、システム・インテグレーターへの転換が奏功し、収益性が向上するというシナリオがある。主要顧客である官公庁のDX需要はコロナ禍を経て大きく高まっている。自動運転等による5G等の通信技術に対する需要は高まっているため、現在の立場を活かして需要を取り込めば、売上の拡大も見込めるかもしれない。

【ネガティブシナリオ】

　最もネガティブなシナリオを考えるとするなら、今進めているメーカーからシステム・インテグレーターへの転換が思うように進まず、どっちつかずの状態になってしまうこと。経営資源が分散し、他社と比べて競争力は低下。人材の流出が進みますます収益性が下がっていくシナリオが考えられる。

仮説・検証を繰り返す

　ここまでの大枠ができれば、あとは仮説・検証を繰り返すのみです。ストーリーラインはほとんどでき上がっているので、それが確からしいかどうかを現実に即しながら考えてみることが検証作業の目的です。

　検証作業の際には、もう一度過去の分析に戻ったり、「今」起きていることを俯瞰して見てみたり、再びストーリーに変化はないか考えてみたりします。置かれている外部環境の変化があれば、改めてストーリーを書き換えることになります。例えば、2020年から発生しているコロナ禍においては、多くの企業のストーリーを書き換える必要がありました。

　NECに関して言えば、システム・インテグレーターへの変化が本当にうまく進捗しているのか？　ということが検証事項としてまず挙げられます。これを確認するには、第3章で紹介した、転職サイトで「中の人」の声を見てみるのがよいかもしれません。

図31 【転職サイトのポジティブ・ネガティブ】

日本電気（NEC）の就職・転職リサーチ
組織体制・企業文化　　　　　回答日：2022年03月26日

回答者：SE、在籍20年以上、現職（回答時）、新卒入社、男性、日本電気（NEC）
★★★★☆ 3.4

前の社長によりここ数年で劇的に変わりました。
トップはビジョンを出し方向性を示しています。
社外から様々な人材を登用し古臭い社風から変えようとしています。
社内で様々なイベントを開催し、施設を整備し、とにかく変わろうとしています。
会社全体の動きは3年前と比べたら雲泥の差です。

> 変わろうとしている経営陣の
> 意思が読み取れる

ただ各部門の文化については何も変わっていません。幹部は上ばかり見て形ばかりの出来てる感を出すことだ
けに注力。現場は良くも悪くも権限委譲、職務放棄の放置とも言いますが、無駄だらけでも個々が自力で何と
かするしかありません。
ここもこれから変えていくと言う話もありますが、現時点では期待薄です。

> しかし実態は難しい

GOOD！③　🐦　f　🔗　　　　　報告する　記事URL

日本電気（NEC）の就職・転職リサーチ
企業分析［強み・弱み・展望］　　　回答日：2022年08月17日

回答者：営業職、担当職、在籍3年未満、退社済み（2020年以降）、新卒入社、女性、日本電気（NEC）
★★★★☆ 4.0

強み：
ブランド力

> 企業文化や人材の
> 問題も理解できる

弱み：
大企業ということもあり、社内業務しか携わらない人はぬくぬくとしている人が多い印象。
よっぽど使えない人でも、一度入ってしまえばクビにはなることはないという話はよく聞きました。
なので意識高い人・優秀な人ほど、ＮＥＣより年収の高いコンサルに向かう傾向がある。

担当が細分化されすぎていて、問い合わせした際、「こちらではなく□□の問い合わせ先に連絡してくださ
い」ということが多々あり、正しい問い合わせ先や欲しい回答・情報を得るのに大分時間がかかるのは弱みだ
と思う。

GOOD！⓪　🐦　f　🔗　　　　　報告する　記事URL

出所：Openwork

　図31上部のようなコメントを見る限りは、少なくとも経営陣は大きく変わろうとする意欲を見せているようです。ただ、いかんせん大企業なので、そう簡単に風土が変わるわけではないことも示唆されています。

　図31下部のコメントを見ると、「ぬくぬくとしている」「優秀な人ほど、年収の高いコンサルに向かう」とあります。人が全てのシステム・インテグレーターにとって、優秀な人材が抜けてしまうのはやはり大きなリスクと言えるでしょう。なお、ここで人材獲得競争におけるライバルに「コンサル」がいることもはっきりしました。

　このように、将来のストーリーを「仮説」として持つことで、過去や現状の分析もより立体感を持たせることができるのです。私としても、企業は分析するたびに新たな発見があります。そのたびに、自分の中での企業像は、より立体的になっていくのです。

　現時点で私が持つNECの将来のストーリーを印象をまとめるなら、以下になります。

　"ネームバリューがあり、経営陣も変わる意欲を持っていて、改革が成功するとしたら収益性の向上が見込めて面白い。

しかしながら、大企業であるがゆえに動きは遅く、その間に優秀な人材が抜けるなど、人材獲得競争で劣位な立場に立たされているようにも見える。今後10年の間に大きな問題が起きることはないだろうが、現在行っている変革に全社一丸となって本気度を持って取り組めなければ、明るい未来は描きにくい。"

　このストーリーを念頭に置いておけば、これからNECを見る際には「改革の本気度はいかほどか」という疑問点を持って接することができます。そうなれば、ますます企業を見ることが楽しくなるはずです。

　企業分析における「仮説」はどこまでいっても「仮説」です。これが最終的に立証されるのは、まさに10年後ということになりますし、10年後になればさらにその次の10年がやってきます。その意味で、企業分析に終わりはないのです。

図32 【NECの分析まとめ（完成版）】

自社

- どんな事業？
  → システム・インテグレーター
  として顧客のDXに注力

- 業績は？
  → 売上は伸びていないが
  利益は伸びている

- 財務は？
  → 自己資本比率30〜40%で健全

- 経営計画
  → よりシステム・インテグレータ
  としての色を強めていく

顧客

- 顧客は誰か？
  → 楽天モバイル・マイクロソフト・
  NTTなど

- なぜその企業の商品・サービスを
  買うか？
  → DXのためのシステム構築がしたい

- 市場は拡大しているか？
  → 拡大している

競合

- ライバルは誰か？
  → 日立製作所、富士通、
  NTTデータなどのIT大手

- ライバルより優秀か？
  → 利益率で劣っていてそうとは
  言い難い

- ライバルとの違いは何か？
  → NECはまだ事業転換期にあり、
  失行を許す

【強み】

- 通信ネットワーク等の技術
- 知名度
- 大企業や官公庁へのアクセス
- 良好な財務

【弱み】

- メーカーとして価格競争力
- 人件費の高さ
- 海外
- 低い利益率

【機会】

- DX需要
- 海外新興国の成長
- 国内におけるIT人材不足

【脅威】

- コンサル等との人材獲得競争
- 国内市場の飽和
- 特定顧客（NTT等）への依存

【ポジティブ・シナリオ】

システム・インテグレーターへの転
換が成功し、収益性が向上
主要顧客である官公庁のDX需要
や自動運転等による通信技術に
対する需要も高まり、売上・利益
ともに拡大する

【ネガティブ・シナリオ】

メーカーからシステム・インテグレー
ターへの転換が思うように進まず、
社員の意欲も低下。優秀な社員
はコンサルティング会社等に流れ、
ますます収益が下がっていく

企業分析は終わりのない小説

　ここまで、企業分析を「ストーリーを描くこと」として説明しました。これはまさに、その企業が主人公になった小説を書くようなものだと感じることがあります。

　起業時には、様々な創業者の思いがあります。その思いに共感して集まった人々がやがて会社を発展させ、周囲を巻き込んで発展していく。一度成功したかに見えてもライバルの登場で窮地に陥ってみたり、勢いが衰えていたところに「中興の祖」が現れて再び大成功を納めたりと、企業が続く限り話が途切れることはありません。

　私たちが「企業分析」として見ているのは、実はこの小説の1ページを切り取って読んでいるにすぎません。だからこそ、読めば読むほど新たな発見があります。「あの時のあれが実は重要な鍵を握っていた」という、いわゆる「伏線」があることも珍しくないのです。

　ストーリーを描くことは、この小説の続きを考えることに他なりません。次はどうなるのだろうかと考え、その伏線がないかもう一度過去に書かれたものを振り返り、さらに最新の話も

読み直して次の展開を探る。その作業の中で、巨大な伏線を見つけることができたら、あなたはとんでもない「掘り出し物」を見つけたことになるかもしれないのです。

　こうやって考えると、何も企業分析を難しく考える必要などないと思えるのではないでしょうか。私の思いとしては、ぜひ難しく考えずに、自由にその企業の未来を考えてほしいということです。未来を考えるためには当然過去についての理解が必要になりますから、必然的にその企業に対する理解や企業分析の技術は高まっていくはずです。

「1社15分」で分析する方法

　　この本のタイトルでは「1社15分で分析する」と謳っていますが、ここまで読んですぐにそれができると感じた方はほとんどいないのではないでしょうか。有価証券報告書を読み、ストーリーを考えて、さらにそれを検証する。それなりの分析をしようと思うと、最初から15分でできる人は、ほとんどいないでしょう。

　　それでは、15分が嘘かというと、そういうわけでもありません。なぜなら、私自身が実際に1社15分で「最低限の」分析は行っているからです。特典動画ではその様子をご覧になっていただけます（P.239のQRコードより）。

　　もちろん、私も最初からそんなに短い時間でできたわけではありません。むしろ、最初はしっかりとメモを取り、それぞれの数字をしっかりと書き写しながら、時には有価証券報告書の大部分をメモするなどして分析を行っていました。しかし、その数をこなすことで、段々とそのスピードが上がっていきました。

　勢いに乗った私は、数百名いる投資顧問会員の方々に「1人1銘柄までなら、無料で分析いたします」と呼びかけました。すると、質問が殺到し、多い時には1日に5銘柄も分析しなければならなくなりました。もちろん、他にも仕事がありますから、てんてこ舞いです。呼びかけたことを後悔したりもしました。

　しかし、ここまできたら腹をくくるしかありません。私は次から次へとやってくる新たな銘柄を、とにかく早く、それでも確実に分析することを心がけ、そのスピードを上げていきました。時には移動時間を惜しんで、電車の中でもパソコンを開いて分析しました（ちなみに、高校時代も電車の中で勉強していた自分にとって、そこは一番集中できる場所でもあります）。

　そして気がつくと、30分の電車での移動時間で2社の分析が終わっていたのです。もちろん、自分が納得できない回答はしたくないので、その点は妥協したつもりはありません。まさに「1000本ノック」の成果が実った瞬間でした。

　これだけ速く分析をこなせるようになったのは、有価証券報告書の体裁に慣れてきたことや、多くの企業を見ることで様々な業界・企業に対する「土地勘」のような感覚が身についたこ

とが大きいのではないかと考えています。もちろんまだ分析したことのない企業はありますが、どんな企業をお題に出されても、今は全く怖くありません。

　要するに、重要なのは「数をこなす」ということです。最初から完璧に、速く分析できることはないでしょう。しかし、少しでも興味を持った企業の有価証券報告書だけでも読む習慣を身につけていたら、やがてはこの境地に少しでも近づけるはずです。そうなってしまえば、投資家としての幅は広がりますし、就職活動も効率的に進めることができます。さらに、ビジネスの戦略を考える際も、様々な引き出しから思考を巡らせることができるのです。

　これをするためにいつも持っていていただきたいのが、紙とペンです。これと有価証券報告書さえあれば、あなたはいつでも、どこでも企業を分析することができます。状況によっては、私はスマートフォンで有価証券報告書を見ることもあります。私にとっては「ポケモンGO」より、街で企業を見つけてそれを分析するほうが、何倍も発見に満ちているのです。

第6章

企業分析家の
視点をもつ

「よい企業」は、
一人ひとりの中にある

こ こまで、企業の分析方法を紹介してきましたが、そもそ
　も何のために分析を行うのか、ここで改めて考えてみよ
うと思います。

　私が何を目的に企業を探すかと言えば、一義的には「投資先
として、よい企業を探す」ためです。しかし、同じ投資でもその
考え方によって「よい企業」の定義が異なります。

　私の場合は長期投資家ですから、基本的には「長期で業績
を伸ばし続けられる」企業を探します。しかし、それだけでは
十分ではありません。なぜなら、誰が見てもよい企業というの
は、すでに株価が高いことが多いからです。

　投資で平均以上の利益を上げるためには、株価が安い時に投
資する必要があります。すなわち、まだ多くの人が気づいてい
ないものに気がつく必要があるのです。「長期で業績を伸ばし
続けられる」という条件に加えて「株価が高く評価されていな

い」「多くの人が気づいていない」ということを求めます。

　そうやって考えた時に見るべきものは、「企業の変化」であったりするわけなのです。例えば、新しい社長が就任して、これまでとは大きな戦略の変化があった際に、これまでとは全く異なるストーリーが描けるのではないか。そのような観点で見るようにしています。

　このようにして、自分の頭の中で描いたストーリーをもとに、投資先企業を決めます。その企業は、私にとっては素晴らしい企業かもしれませんが、このストーリーは私の頭の中にしかないので、他の人にとってはちんぷんかんぷんかもしれないのです。

　私が企業を紹介する時にそのよさを話しても、相手からは全くと言って反応を得られないことも珍しくありません。同様に、私と同じような長期投資家の方と話をしても、そのよさが自分には伝わってこないこともあります。同じものを見ていたとしても、その先にあるストーリーの見方は大きく異なることもあるのです。

同じようなことが就職活動でも言えます。人と触れ合うことが好きな人にとっては、顧客との接点を大事にする接客業の仕事は向いている可能性が高いでしょう。そこで働いている自分の姿をイメージすることでわくわくするなら、それがあなたにとっての正解の就職先と言えるでしょう。

　一方で、同じ仕事でも、人と会話することが苦手な人にとっては、必ずしもよい仕事とは言えません。だからこそ、冒頭でも紹介した通り、ランキングや他人の話によって自分の就職先を決めることには意味がないのです。

　すなわち、企業の良し悪しは、それを見る人によって決まってくる、極めて相対的なものなのです。絶対的な答えなどなく、結局はその人にとっての良し悪しで判断するしかないのです。

　これこそまさに、冒頭で取り上げた「推し活」に他ならないと考えます。アイドルのファン同士でも、自分の「推し」のよさを他の人に語ることはあれど、強要することはないでしょう。それぞれ違った意見があるからこそ、アイドルグループは盛り上がるとも言えます。

　企業分析もこれと同じことが言えて、私から「この企業だけが素晴らしい」と言うつもりはありません。アナリストとして私に言えるのは、その企業にある客観的な事実までで、その企業をよいか悪いか判断するのは、その分析を見た皆さんに委ねられるのです。

長く付き合ってこその「推し」

長期投資を行う上で確かに言えるのは、「推し」がコロコロ変わっていくようでは成り立たないということです。長期投資で成果が出るためには、それこそ長い時間がかかります。成果が出る前に株を売ってしまったり、少し悪いニュースが出たからといって放り投げていたら、一向に成果は得られません。

　企業のよさを本当の意味で納得できていないと、長くその企業と付き合っていくことは難しいというのが、私がこれまで長期投資を実践してきた感覚です。

　同じことは就職活動でも言えるのではないかと思います。数回の転職ならよいですが、何度も働き先を変えているようでは、スキルも信用も一向に身につかないでしょう。どこかのタイミングで、ここに骨を埋めるという「覚悟」が必要になります。

　もっとも、最初からこの企業と決めて長期で投資し続けたり、新卒で入った会社に何が何でも最後まで勤め上げるというのも合理的ではありません。物事の良し悪しを理解するためには、ある程度の経験値が必要です。

　多くの企業に投資したり、就職するのは現実的に困難ですから、それを埋め合わせるものこそが企業分析であると考えます。様々な企業の分析をして、そこに投資や就職したかのような「疑似体験」を行い、自分が知っていることの幅を広げていく。それを続けることで、やがて自分の中で「好き・嫌い」が出てきます。

　その感覚が身についてきたら、いったん企業分析の手を止め、「こんな企業が欲しい」というイメージを頭の中で思い浮かべたり、メモを書いてみたりするのです。

　そのイメージをもとに再び企業分析に取り掛かると、今度は不思議と、その条件に当てはまる企業が浮かび上がってくるようになります。そして、やがて「運命」とも呼べる企業が目の前に現れるのです。これは冗談ではなく、数をこなしていれば本当に訪れる瞬間があります。

これは婚活にも似ていると感じます。まず何人かの人と付き合ってみて、自分にとって「合う」「合わない」という感覚ができてくるのではないかと思います。すると、意識する・しないにかかわらず、こんな人と結婚したいという理想像がぼんやりと浮かび上がって来るはずです。そして、次に出会った人がそういう人だと感じられたら、まさにそれこそが「運命」だと言えるのではないでしょうか。

　まさに「白馬に乗った王子様」ですが、そこでよい企業に出合う秘訣は、あまり高望みしすぎないことかもしれません。ただし、婚活と違うのは、その企業が「誰かに取られる」ということはないということでしょうか。結婚は1対1の関係ですが、就職や投資は1対多の関係です。とくに投資なら自分の好きな数だけ買うことができます。

　このように、企業との出合いも偶然性に左右されるものです。企業分析そのものは非常にロジカルでありながら、最後によい企業に巡り合うかどうかは、運に左右されるのです。ただしその運を呼び寄せるためにも、様々な企業を分析し、自分の中にそれを受け入れる準備をしておくことが重要になります。

よい企業はあなたの
近くに眠っている

　　れでは、どのようにして「運命」の企業を探して行った
そ　らよいでしょうか。

　難しく考える必要はありません。なぜなら、よい企業はあな
たの身近に眠っているからです。「こんな企業があったらいい
な」と頭に思い浮かべておけば、無理にこちらから探しに行か
なくても、企業の方から勝手にやってくるものです。

　もちろん、ただ待っていればよいわけではありません。気に
なったとしても分析せずスルーしてしまったり、そもそもアン
テナを張っていなければいつまで経っても見つかることはあり
ません。だからこそ、私がおすすめするのは、常にノートとペ
ンを持っておきたいということです。気になった企業名だけで
も書いておけば、後からその企業について分析するきっかけに
なります。

例えば、街で行列ができているのを見たとします。「これは何だろうか？」と疑問を持った時点で、すでにあなたのアンテナに引っかかっているのです。「〇〇社、30人くらいの行列」とメモし、まずはその場で何のための行列か把握に努めます。そして家に帰ってから、あるいはその場でスマホでも構いません。有価証券報告書を見て、何をやっている会社か確認するのです。

　もし直近の業績が上向き始めていたら、これから大きく成長するサインかもしれません。今日できていた行列のことは、まだニュース記事やアナリストレポートにもなっていないはずですから、あなたがその企業を分析する「第一人者」になれます。

　アンテナに引っかかるということは、あなたは既にその企業や業界の核心に迫りつつあるのかもしれません。もしそうなっていたら、素晴らしい企業に出合う一歩手前ということができます。

　以下では、「こんな場面で素晴らしい企業に出合える」という事例を紹介します。

買いもの

　買いものは、多くの企業に触れる絶好の機会です。街を歩くだけでも、次から次へと企業の看板が目に飛び込んできます。場合によっては自身も顧客となってその企業の商品やサービスを体感することで、３Ｃ分析における「顧客」の部分を深く知ることができますし、そこに来るお客さんを観察することも重要な視点となります。

　私も買いものや、とくに目的もなくブラブラしながら、よい企業を見つけられたらいいなぁという思いで街中を散策しています。できる限りフラットな視点で街の様子を観察し、その温度感を読み取ります。私の自宅は千葉の片田舎にあり、都心に出かけるのは月に１回程度なのですが、それがかえって程よい生活のインターバルになっているかもしれません。もちろん、家の近くのショッピングモールやロードサイドにも目を配ることを忘れないようにしています。

　コロナ禍もあり、街は目まぐるしく変化しています。撤退する店舗もあれば、新しく入ってくる店舗もあり、社会の変化を肌で感じることができるでしょう。私が最近気になった企業といえば、既に説明しましたが「3COINS」です。千葉県の津田沼

駅の改札内に進出しているのを見た時には、顧客ニーズの高さがうかがえました。

　そして3COINSを運営するパルグループホールディングスの株価を観察していると、やはりというべきか、上がっていました。もちろん、同社がこれから本格的に上がるためには100円均一や他の雑貨店との競争に勝ちながら勢力を伸ばしていく必要があるでしょう。まだ見ぬ大きな可能性を感じる企業を見つけられるチャンスがあると想うだけでも、街中での企業観察はやめられません。

図32　【身近な企業の株価①】

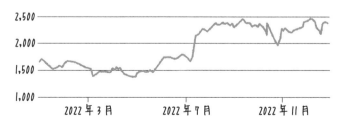

仕事

　もしあなたが社会人なら、今従事している仕事に関しては多くの一般の人よりも詳しいはずです。いわば、その企業や業界の「インサイダー」です。

　もちろん、インサイダー（内部者）取引はいけません。インサイダー取引とは、企業の重要事実、例えば企業買収や業績発表など、外部の人が知り得ない情報を事前に入手し、それをもとに株式の取引を行って利益を上げることで、立派な犯罪です。ただ、ここで言われる「重要事実」とはあくまで企業の中でも一部の人しか知り得ない情報のことです。それ以外の業界の「常識」や企業の「方向性」、「雰囲気」などはその対象ではありません。まともな上場企業なら、経営や経理等の部署でなければ、そのような情報は入ってこないようになっているはずです。

　あなたが仕事の中で感じていることは、その企業や業界の最前線かつ最も深い情報でしょう。どんなアナリストも、それ以上の深さでそれを実感することはできません。したがって、自ら調べにいかずとも、当たり前に自社や取引先、ライバルの「ここが素晴らしい」「取引相手としては嫌だけど商売上手」「ここには逆立ちしても勝てない」という生々しい一次情報を手に

入れることができます。

　一方で、インサイダーだからこそ、同じところにどっぷりはまってしまうばかりに、周りのことが見えなくなってしまうことも珍しくありません。とくに、中にいるとどうしてもネガティブな側面に目が行ってしまい、せっかく有益な情報を持っていても見逃してしまうことも少なくないのです。

　ここに書いたような客観的な企業分析ができれば、そういった「罠」を回避することができるでしょう。自分の目で見るばかりではなく、数字等を確認しながらもう一度自社や業界のことを捉えてみる。同時に競合他社や異なる業界についても見てみることで、改めて自分が所属する企業のよさも悪さも浮き彫りにできるはずです。

　その上で自社が素晴らしいと思えるならこれ以上のことはありませんし、ライバルのほうが素晴らしいなら、そちらの株を買ったり、転職したりすればよいのです。少なくとも、既に知っている業界なら、全く知らないところと比べて安心感は高くなることは間違いありません。

　究極的には、自分の会社が成長し、なおかつ自社の株が伸びていたら言うことはありません。投資で大きな成果を残す上位の典型例として「自社株を持っていた」ということが挙げられるのです。ここがまさに、この本で度々挙げた「投資」と「就職」の最大の接点かもしれません。

趣味

　自分が好きなことをしている結果として、素晴らしい企業を見つけられるなら、こんなに素晴らしいことはありません。そして、それができるのが、企業分析のよいところです。

　SHOEIというバイクのヘルメットをつくっている企業があります。同社が「プレミアムヘルメット」と呼ぶ高級ヘルメット分野において、世界シェア60％を誇ります。バイク乗りにとっては、知らない人はいないブランドです。

　SHOEIはここ数年大きく業績を伸ばしています。その理由は、まさにバイクの「趣味化」が挙げられます。かつては自動車を買えないような新興国の移動手段でしたが、モータースポーツの盛り上がりもあり、趣味としての市場がどんどん大きくなりました。単なる移動手段ではなく趣味として乗る人は、お金

を持っています。だからこそ、命を守るためのヘルメットにお金を惜しむ理由はありません。

　SHOEIは、そこでコスト競争に走ることなく、メイド・イン・ジャパンにこだわり、徹底して品質を追求しました。その結果、信頼を獲得し、ヨーロッパを中心に海外での売上を大きく伸ばして成長を続けてきたのです。

　さらに、コロナ禍も大きな追い風になりました。「密」にならない趣味として、バイクに対する需要がますます高まったのです。当然SHOEIのヘルメットに対するニーズも高まりますから、業績は伸びます。それを反映して、株価はさらに上昇を続けたのです。

　もしあなたがバイク乗りなら、コロナ禍でのバイクブームに気づけたでしょうし、その時にヘルメットについているSHOEIの文字に目が行けば、これから大きく需要が伸びるだろうという「ストーリー」を描けた可能性があります。趣味と企業分析は、極めて相性がよいのです。

図33 【身近な企業の株価②】

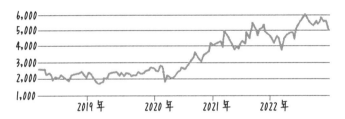

SHOEI

5,060 円

+2,480.00 (96.12%) ↑過去5年

12月26日15:00 JST・免責事項

1日｜5日｜1ヵ月｜6ヵ月｜年初来｜1年｜5年｜最大

家族・友人

　家族や友人と話している中にも、様々なヒントが眠っています。男である私にとっては、女性に向けた商品を展開する企業は見つけにくいものですが、女性との会話の中に素晴らしい企業を見つけるヒントが眠っていたりします。

　私が感じた事例で言うなら、「無印良品のカレー」があります。無印良品のレトルトカレーは確かに評判がよく、テレビや雑誌等でもよく目にします。しかし、私の中では「所詮レトル

ト」という考えがありました。

　そのカレーを、普段インスタント食品をあまり手に取らない妻が頻繁に買っていたのです。しかも、その値段も1人分で350円程度と、レトルトカレーとしては決して安くありません。

　なぜそれを買っているのか、疑問に思い聞いてみると、「美味しいし、無印だと罪悪感が少ない」と言っていました。確かに、添加物がたくさん入っていそうな他のレトルトカレーと比べて、「自然派」のイメージのある無印で買う分には罪悪感は少ないかもしれません。それが美味しいとなると、レトルトカレーとしては高くても買おうという選択が生まれるのも分かる気がしました。

　もしこれを私ひとりで見ていたら、「所詮レトルトカレー」と高をくくって、以後とくに分析してみようとは思わなかったかもしれません。

　無印良品の運営企業である良品計画を分析してみると、近年食品に力を入れていることが分かりました。従来、雑貨やアパレルを中心に販売していたので、これは大きな転換です。また、最近新社長になってからは、「スーパー隣接店」を積極的に

展開し、より私たちの身近に進出する戦略であることが分かり、これからの進展を楽しみにしています。

　このように、自分と異なる立場にいる人との会話により、自分が知らない世界を知ることができます。私は人と会話をする時、なるべくその人の専門分野や興味関心を深掘りしたいと思っています。なぜなら、そこに重要な事実が含まれていることが多いからです。仕事や趣味のことなら、彼らは「専門家」としていろいろなことを知っています。

　聞かれる側としても、自分が詳しいことを聞かれて悪い気はしないでしょう。これを続けていれば、会話は盛り上がり、双方が楽しい「Win-Win」の場となるはずです。企業分析は、最高のコミュニケーションツールとも言えるかもしれません。

芋づる式

　ここまで挙げてきた方法で企業に触れたら、ぜひそのライバルや同じ業界に属する企業、取引先などもついでに調べることをおすすめします。

1社調べたら、続けてその周辺にある企業も調べてみましょう。おそらくおおよその「勘所」が掴めているため、1社目よりも的確に、素早く分析することができるはずです。

　私が「1社15分」で分析できるのも、結果として分析する企業が「芋づる式」になっているからだと考えます。多くの企業を調べていると、やがて業界の勘所や企業同士の関係性が手にとるように見えてくるのです。

　直接的な関係がなかったとしても、同じようなビジネスモデルの企業なら、過去の知見を参考にすれば分析が捗ることになります。例えば、ユニクロのファーストリテイリングを分析したことがあれば、同じSPA（製造小売業）であるニトリの分析も難しくないはずです。

　こうして様々な企業を分析してそれをノートに書き溜めれば、やがてあなた独自の「会社四季報」ができ上がるはずです。そのノートは、あなたの仕事や投資、そして人生における貴重な宝物となるでしょう。

「推し企業」に
上手に投資する方法

$私$の本業である投資について、大枠だけ触れておきたいと思います。これまでしばしば触れてきた通り、私は「長期投資家」であり、代表を務める「つばめ投資顧問」では、1人でも多くの自立した長期投資家を生み出したいと思い活動しています。

　そもそも、私が長期投資を軸に活動しているのは、投資というより「企業分析」が好きだからに他なりません。最初の就職先として投資銀行（証券会社の法人部門）を選択したのも、企業の戦略をより深く知ることができると考えたからです。その後、自分が好きな企業分析を役立てられると考え、長期投資を主眼とする投資顧問を立ち上げました。

　長期投資家である私は、いまだに株価チャートの見方はよく分かりませんし、ほとんど興味すらありません。なぜかと言えば、長期的な株価の変動を左右するのは、ほぼ間違いなく業績だからです。

ある研究によると、株価を決定する要因として、５年より短い期間なら「金利」あるいは「不明」と、運の要素が大きくなるのですが、５年、10年と伸びていくごとに「企業収益」に占める割合が大きくなります。すなわち、長期投資になればなるほど、投資家は「業績」に着目すべきなのです。

図34　【株価の説明力と時間】

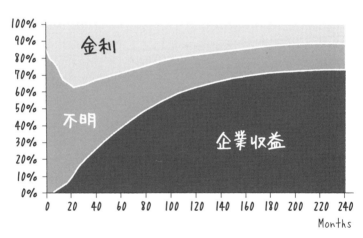

出所：「Money,Credit and Asset Prices」1994,Gordon Pepper
　　　/Professor,Department of Banking and Finance,City University Business school,London

　企業の「業績」を考えることは、まさに未来を見通すことに他なりません。この本で行ってきた「未来のストーリー」が明るい企業を選び、そのストーリーが崩れない限り、株価が上がるまで「持ち続ける」ことが長期投資に求められる姿勢です。

　バフェットも、以下のような言葉を残しています。

"株式投資の極意とは、素晴らしい企業を適切な価格で買い、素晴らしい企業である限り持ち続けること。"

　このことは一見簡単なように見えますが、実践する上で難しいのが、最後の「持ち続ける」という部分です。

　株式投資をしていると、様々な情報が舞い込んできます。投資先企業の悪い噂であったり、「他にもっとよい企業がある」という誘い文句であったり、「もう株式は終わりだ」という終末的な意見だったりします。これらに動じずに同じ企業に投資を続けることの難しさは、実際に投資を続けるほどよく分かります。

　もちろん、「ただ持ち続けるだけ」なら、かたくなに売らないと決めて証券口座を放置すればよいだけです。しかし、そこで買った企業が「本当によい企業」である保証は全くありません

から、やはりよりよい企業を探していく努力は必要になりますが、その努力自体が売る誘引となりうる「情報収集」であり、同じ企業を持ち続ける難しさを増幅させることになるのです。このジレンマをどう解決したらよいでしょうか。その答えが「推し活」にあると私は考えます。

まずいくつかの企業を見て、自分が「推せる」企業を絞り込みます。一度「推し」と決めたら、よほど決定的な要因がない限り、その「推し」を続けるのです。もちろん、ただ放置するのではなく、「推し」としてその動向を深く追っていきます。そうすれば、その企業が本当によい企業かどうか、次第に見る目が肥えてくるはずです。

もしその企業にネガティブなニュースが入ってきた時は、それが企業に与える影響を冷静に見ながら、あくまで「応援」する姿勢を忘れないようにしましょう。そうやって見た時に決定的な要因でないと判断できるなら、持ち続けるか、あるいは下がった株価でさらに買い増していくのがよいでしょう。

投資で成果を上げるには、「何を買ったか」はもちろんですが「上がる株を下がった時にどれだけ買えたか」が大きいと感じます。すなわち、周囲からのバッシングにめげず、応援を続

けられた人こそ、得られるリターンが大きくなるのです。まさに、リアルな人生模様を見ているようです。

バフェットも、かつてアメリカン・エキスプレスが不祥事に見舞われて倒産の危機が噂されている最中に、街中でアメックスのカードが人々から使われ続けていることを確認して安値で株を買い、大きな利益を上げました。1960年代に買ったアメリカン・エキスプレスはいまなおバフェットの主力銘柄として燦然と輝いています。

もっとも、「推し」の銘柄を1つに絞る必要はありません。株式投資のメリットは、複数の銘柄に投資できることです。一般的に複数銘柄を保有する「分散」はリスク管理の観点で語られますが、「1つでも多くの可能性を掴む」ためでもあります。

例えば、5つの銘柄を保有したとして、そのうち1銘柄だけでも10倍になれば、投資成績としてはかなりのものが望めるでしょう。実際に、「達人」と呼ばれる個人投資家の成績を観察すると、多くの人がその人に代表される「少数の銘柄」によって生み出されていることがわかります。そのひとつの「推し」を見つけることが、長期投資の秘訣と言えそうです。

「企業分析家」という
生き方

こ の本では「企業分析」の方法や考え方をお伝えしてきました。

　そもそも私がこの本を書こうと思ったきっかけは、私の前著『年率10%を達成する！プロの株勉強法』に対する読者からのリアクションでした。そこには、「具体的な企業分析の方法を知りたい」と書かれていました。

　確かに、書店を見渡してみると、決算書の読み方や投資法に関する本は数多く出ていますが、「企業分析」に焦点を絞ったものはほとんど見かけません。決算書を解説する本の内容は簿記や会計の細かい議論に内容が集中し、一方で投資に焦点をあてたものは、企業の業績を単にパターン分けする程度です。

　しかし、私が普段から実際に企業分析を行う中で、細かい論点に目を奪われると全体が見えなくなってしまいますし、かといって単純なパターンに当てはめようとすると繊細な中身が見

えにくくなってしまいます。

　より効果的な企業分析の順序は、まず全体感を把握し、その後で会計などの詳細な中身を詰めることです。そのような内容を解説する本を書いてみたいと思い、筆を執るに至りました。

「プロの企業分析」と書いていますが、私が読者の皆さんに本当に伝えたいことは、**「普通の人」の感覚を忘れないでほしい**ということです。企業は、ロボットのような無機質なものではありません。創業者の思いがあって生まれ、そこに従業員が参画し、多くの顧客を幸せにしてはじめて成り立つものです。そこには様々な人の生活や努力が密接に絡み合っています。まずはそれを肌で感じることで、「企業」のよさを実感してもらいたいのです。

　私が仕事として扱っている株式の話になると、企業が途端に単なる「銘柄」として扱われます。そこに上記のような「思い」はなかなか反映されず、株価チャートばかり見ている人も少なくありません。企業分析が好きでこの世界に入った私としては、そのことにずっと違和感がありました。

　今回、投資の話にはほとんど触れていないのも、そのような思いからです。「こんな企業がよい」という具体例も示してい

ません。なぜなら、企業はそれぞれが「みんな違って、みんなよい」からです。そのような企業の一つひとつを知り、最終的には皆さんがご自身の観点で「素晴らしい」と思えるものに出会ってほしいのです。

　一見遠回りに見えるかもしれませんが、投資で成功するために最終的に必要なのは「多くの人が気づいていないよさに、一歩先に気づくこと」です。よさに気づくためには、その企業のことを好きになるのが一番の近道です。最初はなかなかそういった企業を見つけられないかもしれませんが、続けていればやがて「自分なりの見方」ができるようになるはずです。そうなると、企業分析は楽しくて仕方がなくなります。

　私は普段、YouTubeでここで使った方法をベースに企業分析の結果などを紹介しています。投資顧問をやっていますから、株価が伸びる企業を探すことが必要なのですが、実は一番楽しいのは、株価が伸びるかどうかにかかわらず、純粋に企業のことを調べ、分からないことが一つひとつ分かるようになっていく時なのです。

　どうしてもガツガツした考えが横行してしまう株式投資の世界ですが、多くの一般の方はそれについていけず、嫌気がさ

してしまいます。私としては「そんなことないよ」ということを伝えたいと思うのです。一人ひとりが気に入った企業を持ち寄って、ああでもない、こうでもないと議論できたら、投資の世界はもっと楽しくなるのではないでしょうか。

もっと言えば、私たちは一人ひとりが資本主義の一員です。誰ひとりとして、アウトサイダーはいないのです。だからこそ、自分が感じたことを素直に表現できれば、それで十分「プロ」と言えるのです。そこに少しだけ企業分析のスキルをプラスすれば、より俯瞰的にこの社会を眺めることができるようになるでしょう。

この本を読んだあなたが、「企業分析家」としての一歩を踏み出すことを期待して、いったん筆を擱きます。

最後までお読みいただき、ありがとうございました。

企業分析家になろう

　白状すると、私が企業分析を「推し活」と捉えることができるようになったのはごく最近の話です。それ以前はまさに数字やロジックによって企業分析されるべきだと考えていました。

　しかし、それらはいずれも過去のものにすぎませんでした。長期投資をする中で、予期しないことが次々に起きました。とくにこの3年ほどのコロナ禍においては、投資の世界もめまぐるしく変わりました。

　社会の様子が変わるたびに、私は投資判断を変えるという、今考えたら愚かなことをしてしまいました。ロジックで考えたら、どう捉えても厳しい現実が待ち受けていたからです。

　しかし、実際の企業はそう柔なものではありませんでした。厳しい現実に対して様々な手を打ち、なんとか生き延びて従業員の雇用を守ろうと、どこも必死でした。そんな背景があったのに、「状況が悪いから」という理由だけで、私は株を売っていたのです。

コロナ禍で大きく株価が伸びたのは、DX関連企業でした。これらの企業は、当然それまでの積み上げもありますが、ある意味で運よく当たりクジを引き当て、業績や株価を伸ばすことができたのです。

一方で、新型コロナウイルスの発生から3年近くが経つと、これまで伸びてきた企業の勢いがなくなってきました。代わりに、これまで生き残ってきた企業の株価が、入れ替わるように伸びてきたのです。

コロナ禍で調子のよかった企業と苦しかった企業、どちらに投資すればよかったという絶対の正解はありません。しかし、どちらに投資するにしろ、確かに言えるのは「企業を信じて待つべきだった」ということです。単に株価の調子がよいからと言って乗り換えていたのでは、大きな上昇を取れないばかりか、もうピークは過ぎてしまっているかもしれないのです。

ここで必要となるのが、思い入れのある企業に対する執着心だと、私は初めて気づきました。人の心は移ろいやすいものです。執着心がなければ、腰を据えた投資などできっこありません。これまで投資には常に正解があると思っていましたが、「所詮」未来のことですから、必ずしもそうではないと思えたので

す。

　それに気づいた時、投資顧問サービスも変わってきました。それまでは私が推奨する銘柄のレポートを読んでもらうまでのものでしたが、今では私の書いたレポートに対して賛否両論の議論が巻き起こるようにしています。それでこそ初めて、顧客の皆さんが自ら考えることになるので、読んでもらった価値が出ます。

　やがては顧客が私の推奨銘柄ではなく、自分で探してきた銘柄に投資して成功する。そんな姿を思い浮かべて投資顧問の運営に取り組んでいます。

　実は「企業の推し活」という考え方は、私のオリジナルではありません。当社の顧問を務めていただいている長期投資家のろくすけ氏・森和夫氏からの助言、またつばめ投資顧問の運営を担っている従業員の皆さんとのディスカッションによって生まれた考え方です。

　私たちは定期的に集まって、自分の「推し企業」のプレゼンを行っています。これは企業分析が大好きな私にとって、最高の時間となっています。この楽しさをひとりでも多くの方々に

プレゼントできれば、企業分析家冥利に尽きます。

　この本を執筆するにあたり、アイディアをくださった編集の川辺さん、ろくすけさん、森さん、社員の皆さん、そして3人の子どもを育てながら私の執筆作業を温かく見守ってくれた妻に、改めて感謝申し上げます。

　それでは、またYouTubeでお会いしましょう。

2023年2月吉日

栫井駿介

最後までお読みいただきまして、ありがとうございました。
以下の QR コードからアクセスしてください。

プロの企業分析「特典動画」

※特典は予告なく終了・変更することがあります。予めご了承ください

[著者略歴]

栫井駿介（かこい・しゅんすけ）

つばめ投資顧問代表 投資系YouTuber

1986年鹿児島県生まれ。県立鶴丸高校、東京大学経済学部卒業、豪BOND大学MBA修了。大手証券会社に勤務した後、2016年、つばめ投資顧問設立。現在は500名超の個人投資家を相手に、堅実かつ実践的な長期投資のアドバイスを行っている。YouTuberとしても活動し、登録者は9.5万人。ひとりでも多くの人に長期投資のよさを広め、実践してもらうことを夢見て発信を続けている。著書に『年率10%を達成する! プロの「株」勉強法』(クロスメディア・パブリッシング)、共著として『株式VS不動産 投資するならどっち?』(筑摩書房)がある。

1社15分で本質をつかむ
プロの企業分析

2023年3月1日　　初版発行

著　者	栫井駿介
発行者	小早川幸一郎
発　行	株式会社クロスメディア・パブリッシング

〒151-0051 東京都渋谷区千駄ヶ谷4-20-3 東栄神宮外苑ビル
https://www.cm-publishing.co.jp
◎本の内容に関するお問い合わせ先：TEL(03)5413-3140／FAX(03)5413-3141

発　売	株式会社インプレス

〒101-0051 東京都千代田区神田神保町一丁目105番地
◎乱丁本・落丁本などのお問い合わせ先：FAX(03)6837-5023
　service@impress.co.jp
　※古書店で購入されたものについてはお取り替えできません

印刷・製本	中央精版印刷株式会社

©2023 Shunsuke Kakoi, Printed in Japan　　ISBN978-4-295-40802-4　　C2034